北京市学前教育研究会"十三五"优秀课题成果

系好人生的第一颗扣子 系列丛书

幼儿园传统节日活动的设计与实施

郑宇红 等 著

中国农业出版社
农村读物出版社
北 京

图书在版编目（CIP）数据

幼儿园传统节日活动的设计与实施 / 郑宇红等著.
—北京：中国农业出版社，2023.7
ISBN 978-7-109-30785-8

Ⅰ.①幼…　Ⅱ.①郑…　Ⅲ.①节日-风俗习惯-中国
-教学设计-学前教育　Ⅳ.①G613.2

中国国家版本馆 CIP 数据核字（2023）第 104329 号

幼儿园传统节日活动的设计与实施
YOUERYUAN CHUANTONG JIERI HUODONG DE SHEJI YU SHISHI

中国农业出版社出版
地址：北京市朝阳区麦子店街 18 号楼
邮编：100125
责任编辑：孙利平　张　志
版式设计：杨　婧　　责任校对：吴丽婷　　责任印制：王　宏
印刷：北京中兴印刷有限公司
版次：2023 年 7 月第 1 版
印次：2023 年 7 月北京第 1 次印刷
发行：新华书店北京发行所
开本：700mm×1000mm　1/16
印张：10.25
字数：185 千字
定价：50.00 元

本书各章作者名单

◎第一章　幼儿园传统节日教育活动概述

作者：郑宇红　王玉欣　舒　静　李　玲

◎第二章　春节

作者：郑宇红　李天舒　高　旭

◎第三章　元宵节

作者：郑宇红　李凤真　程学知

◎第四章　清明节

作者：郑宇红　吴　华　林　静

◎第五章　端午节

作者：郑宇红　王哲莹　赵润婷

◎第六章　中秋节

作者：郑宇红　刘　曼　赵　璐

◎第七章　重阳节

作者：郑宇红　李　玥　张子文

序

长期以来，传统节日承载着中华民族共同的文化记忆，是中国人共同的精神家园和情感寄托。无论是清明节、端午节还是中秋节、春节，这些传统节日形成的文化纽带联系着传统与现代，突显着浓厚的节日氛围，源源不断地引发着国人的情感共鸣。当下，中华民族的发展进入新的阶段，教育作为文化传承、交流、融合与创造的重要途径，理应担起时代赋予的文化发展重任。而幼儿教育作为教育体系中的启蒙阶段，是基础教育的有机组成部分，也应当对学龄前儿童实施传统文化教育。

《幼儿园教育指导纲要（试行）》（以下简称《纲要》）指出："教育要充分利用社会资源，引领幼儿感受祖国文化的丰富和优秀，激发幼儿爱家乡、爱祖国的情感。"传统节日是弘扬中华民族精神的源头、活水，是祖祖辈辈传承下来的节日文化，涉及到人们的衣食住行、礼仪风俗等，与生活息息相关。生活中的人、事、物都蕴含着传统节日的文化内涵。每年传统节日来临之际，幼儿园都会预先创设与节日有关的教学环境，通过合理、有效的安排，科学地运用情境创设等的多种教学策略开展传统节日教育活动。这些直观的情境布置能很好地帮助幼儿身临其境般地体验传统节日文化氛围，初步形成一根"民俗节日名称——民俗节日主题——民俗节日元素"的记忆联想链条，对幼儿深入学习传统文化起到辅助作用。如元宵节，幼儿园会创设相关情境，师幼一起制作花灯、搓元宵，引导幼儿感受元宵节的节日氛围和文化内涵。幼儿回到家里，在家人的带领下一起参与逛灯会、赏花灯、猜灯谜等活动，体验元宵节的传统习俗。孩子们在感受着传统节日文化的同时，也激发着他们的兴趣，使他们更加热爱生活、享受生活。

中国人民大学幼儿园成立于1947年，是一所由中国人民大学主办的全日制公办幼儿园，现有6所分园。76年来，幼儿园始终紧跟时代步伐，传承“为党育人、为国育才”的初心和使命，禀承中国人民大学“人民、人本、人文”的文化精髓，遵循《幼儿园工作规程》《纲要》等的要求，结合园所特有的历史、幼儿培养目标和教师队伍建设三个方面，凝练出独具人文特色的“人仁”文化。在“人仁”文化的引领下，幼儿园坚持“明德·尚美·和雅·乐学”的办园理念，以“塑造品质，启蒙希望，立终身学习之基础”为办园宗旨，以“立德·明道·励志·笃行”为园训，以培养扎实、专业的教师队伍为关键，以科学的保教管理为重点，全面提升办园质量，致力于打造一所发展幼儿、成就教师、人民满意的幼儿园。

作为一所具有红色历史的幼儿园，中国人民大学幼儿园始终坚持“育人为本、德育为先”的育人理念，聚焦“立德树人”，借助传统文化教育活动塑造幼儿良好的精神品格，扎根传统文化的沃土，厚植家国情怀，培养社会主义的建设者和接班人。为了提升幼儿对传统文化的认知，激发其强烈的民族荣誉感和自豪感，幼儿园以传统节日为载体，精心设计了契合幼儿身心发展特点的传统节日教育活动，将中华传统节日与幼儿的现实生活相联系，传承传统文化的核心价值。此次，我们集聚中国人民大学幼儿园的集体智慧，回顾和梳理了近年来在传统节日教育方面的经验和做法，编写了《幼儿园传统节日活动的设计与实施》这本书，与广大幼教同行交流、分享。

中国人民大学幼儿园总园长　郑宇红
2023年5月

前言

传统节日是中华民族优秀传统文化的重要资源之一，作为人类文化活动的重要组成部分，它经历了长期的文化积淀，具有深厚的历史及文化内涵，蕴含着华夏民族的精神世界，展现了人们对美好理想的追求。中国传统节日活动多姿多彩。幼儿园通过开展与传统节日相关的主题活动，既可以培养幼儿的民族自豪感，又可以培养其对国家文化的认同感和归属感。幼儿园作为学前教育的主要场所，对幼儿传统文化教育的启蒙与发展具有重要作用。如何将中华优秀传统文化融入幼儿园活动课程是很多幼教工作者一直在思考的问题。中国人民大学幼儿园（以下简称“人大幼儿园”）致力于园本课程与传统文化相结合的实践探索，努力打造具有文化内涵的传统节日教育活动课程，在创新幼儿园园本课程的同时，促进中华优秀传统文化的弘扬与传承。

人大幼儿园作为中国人民大学附属幼儿园，建园76年，始终秉承中国人民大学“人民、人文、人本”的文化精髓，以中华优秀传统文化为滋养，在“明德·尚美·和雅·乐学”办园理念的指导下，秉持一脉相承的“人大红色基因”，经过多年的实践与探索，形成了传统节日教育活动的研究思路，并积累了丰富的研究成果，研发了一系列具有优秀传统文化底蕴的传统节日活动课程。传统节日活动课程的开展浸润、滋养着幼儿园的每一个孩子，我们的努力受到了家长及幼教界同仁的一致好评。为了进一步固化研究成果，我们对研究内容进行梳理，整理成名为《幼儿园传统节日活动的设计与实施》的书籍进行出版，也希望能够与幼教同仁进行更加广泛的交流，为幼儿园传统节日教育活动的开展提供参考，也为幼儿园有关传统节日教育活动研究贡献一份绵薄之力。

本书聚焦幼儿园传统节日主题活动，从传统节日教育活动的设计与实施为切入点，结合近年来有关传统节日活动的理论与实践创新成果，对幼儿园开展传统节日教育和课程建设具有很强的指导性、针对性和可操作性，也为教师开展相关活动提供了设计思路与指导策略，帮助教师与时代同频共振，开展弘扬中华优秀传统文化的教育活动。在幼儿心中根植中华民族的认同感和归属感，凝聚中华传统文化的力量。

全书共七个章节，第一章重在呈现幼儿园传统节日教育活动的基本思路与方法，包括基本概念、实践路径与实施策略。

第二章至第七章选定春节、元宵节、清明节、端午节、中秋节、重阳节6个具有典型意义的传统节日，从园级活动和班级活动两个层面呈现幼儿园传统节日活动设计与实施的主要样态。如春节这一传统节日中，幼儿园整体策划“庆新春·集五福”的园级活动，以智慧、成长、健康、感恩、祝福为关键词，为不同年龄段幼儿设置不同的活动形式和内容，让幼儿亲身经历、体验、了解春节习俗的内在含义，体验“年”的味道，感受浓浓的中国情、中国味。各年龄班会配合园级春节活动开展丰富多彩的主题活动，孩子们通过讨论、收集资料等方式进一步了解春节这一传统节日，并和教师一起制作以庙会为主题的展板在园内展示。庙会当天，孩子和家长们一起逛庙会，品尝各种老北京特色小吃，玩传统的庙会游戏，观看非物质文化遗产制作，如捏面人、吹糖人等，大家在愉快的氛围中共同庆祝农历新年的到来，孩子们感受到浓浓的爱意和热闹的传统节日氛围，从而得到中华民族传统文化的浸润和滋养。

同时，书中收录的每个传统节日实施案例具有可操作性强、教学内容丰富、教学形式灵活多样等特点．本书是实施传统节日教育活动必备工具书，为广大的幼儿园教师开展传统节日活动提供更广阔的设计思路和指导建议。

宝剑锋从磨砺出，梅花香自苦寒来。本书能够付诸出版，感触良多的不仅是因为一项工作的结束，更多的是幼儿园教师们年复一年、日复一日辛勤地付出，以及在对传统节日课题研究成果进行梳理、提炼、总结的过程中呈现出来的专业与严谨。感谢所有参与编写的教师一直以来用心、用情探寻传统文化源头的笃定与坚持，为帮助孩子们深入了解传统节日的内涵、全面提升他们的认知水平打下了坚实的基础. 相信中华优秀传统文化定会启迪孩子们的心灵和智慧，为他们的成长提供内驱力和长远发展的空间。

目录

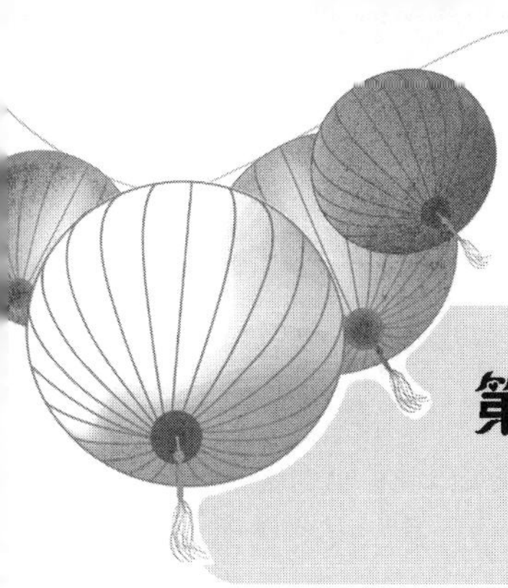

第一章 幼儿园传统节日教育活动概述

第一节 基本概念

中国的传统节日都是以农历为准，它是古人为了适应生活和生产而形成的一种习俗、一种文化，是古人智慧的结晶。从这些传统节日的各种习俗中，我们深切地感受到古人多姿多彩的日常生活和盛大隆重的节日庆典，以及各种爱情、亲情、友情等情感。这就是中国传统节日的魅力，也是中国传统文化的魅力。

这些传统节日不是在短时期内形成的。它们是从几千年来的传统文化中慢慢地发展出来的，以庆典日、祭祀日为主，如庆祝农历新年、庆祝家人团圆、祭拜祖先等，同时，也承载着人们的美好愿望。有的传统节日也是二十四节气中的节气。先秦时期，有些传统节日就已经存在，那时的节日主要与宗教信仰、崇拜有关，举办的活动大多是大型的祭祀活动。后来，受到其他因素的影响，传统节日中慢慢地加入了很多名人事迹、神话、传说等。这些因素使得传统节日成了历史和文化的载体。到了汉代，传统节日文化稳步发展，达到巅峰。随着社会和经济的进步，传统节日逐步脱离了宗教信仰与崇拜，开始加入新的元素。到了唐代，社会发展到了空前繁荣的程度，百姓的物质和精神生活都非常富足，传统节日的习俗也完全脱离了宗教信仰与崇拜，转变为以娱乐为主的活动。

传统节日在长期的历史及文化积淀中拥有璀璨的、充满民族特色的优秀文化内涵，包含着许多值得弘扬和传承的传统美德，是培养学龄前儿童道德品质的重要教育资源。

2005 年 6 月，《中宣部　中央文明办　教育部　民政部　文化部　关于运用传统节日弘扬民族文化的优秀传统的意见》（文明办［2005］11 号）明确指出：“中国传统节日，凝结着中华民族的民族精神和民族情感，承载着中华民族的文化血脉和思想精华，是维系国家统一、民族团结和社会和谐的重要精神纽带，是建设社会主义先进文化的宝贵资源。”“传统节日中所蕴含的民族文化的优秀传统，是对青少年进行思想道德教育的宝贵资源。”2013 年 12 月，中共中央办公厅印发的《关于培育和践行社会主义核心价值观的意见》（中办发［2013］24 号）也指出，要重视民族传统节日的思想熏陶和文化教育功能。[①]《幼儿园教育指导纲要（试行）》（以下简称《纲要》）中指出，在社会领域中“充分利用社会资源，引导幼儿实际感受祖国文化的丰富与优秀，感受家乡的变化和发展，激发幼儿爱家乡、爱祖国的情感”。

传统节日作为中华传统文化的重要组成部分，是民间文化的重要载体，蕴含着丰富的德育资源。幼儿园在日常的教育活动中应重视民族传统节日的思想熏陶和文化教育功能，丰富中华传统节日的文化内涵，开展优秀的传统节日教育活动。

一、幼儿园传统节日教育活动的定义

传统节日主要分为汉族的传统节日和少数民族的传统节日，本书中所涉及的传统节日以汉族的传统节日为主，包括春节、元宵节、清明节、端午节、中秋节和重阳节[②]。幼儿园传统节日教育活动是指幼儿园选择适宜的传统节日，结合幼儿的年龄特点、已有经验与发展目标，有计划、有目的地利用各种传统节日的教育资源，与家庭、社区合作，为引导幼儿共同创设节日环境、参与节日活动、传承节日文化、共建民族自信提供一种由众多幼儿、教师乃至家长共同参与的教育活动。简而言之，就是以传统节日为主要教育内容开展的教育活动。

二、幼儿园传统节日教育活动的特点

（一）幼儿园传统节日教育活动是一种有目的、有计划的大型活动

幼儿园大型活动不同于班级日常的集体教学活动，它是由包括多个班级的幼儿、教师甚至家长构成的大集体所开展的活动。幼儿园传统节日教育活动具有明确的目的性和较强的计划性。在活动开展之前，要设计详细、周密的方案和计划，以保证活动的顺利开展。在开展活动时，不仅有班级活动，还有年级活动，甚至是园级主题活动，如新年庙会等。

（二）幼儿园传统节日教育活动是幼儿园课程的有机组成部分

“幼儿园课程是实现幼儿园教育目的的手段，是帮助幼儿获得有益的学习经验、促进其身心全面、和谐发展的各种活动总和。”[③] 从这一概念不难看出，

---

① 教育部基础教育司．中小学德育工作指南［M］．北京：教育科学出版社，2019．

② 庞丽娟．文化传承与幼儿教育［M］．杭州：浙江教育出版社，2005．

③ 冯晓霞．幼儿园课程［M］．北京：北京师范大学出版社，2001．

幼儿园传统节日教育活动正是幼儿园课程的有机组成部分。幼儿园结合丰富的传统节日内容，分为五大领域教育活动，包括举办园级的大型庆祝活动和班级的教学活动，也可以利用家长和社区资源开展相关活动。每一个传统节日都有其特定的文化内涵和特殊的价值取向，教师在确定课程目标时应有所侧重，如春节、中秋节侧重培养幼儿的家庭观念，清明节侧重培养幼儿对先人的感恩和思念，重阳节侧重培养幼儿尊老、敬老的道德品质。

三、幼儿园传统节日教育活动的价值

传统节日是中华民族传统文化的体现，具有深刻的文化价值，体现着我国独具特色的人文内涵，也是幼儿园社会性课程的实施途径之一。教师通过组织、开展传统节日教育活动，引导幼儿深入了解中华民族的习俗和优良传统，进一步了解祖国的传统文化内涵，培养幼儿对传统文化的情感认知，在他们幼小的心里种下爱祖国、爱家乡、爱家庭的种子，培养幼儿尊老、爱幼、勤劳、善良、和睦等优秀品德，增强民族凝聚力和向心力。

我们将每个传统节日都当做幼儿了解传统文化的大好时机。教师可以在传统节日期间向幼儿介绍节日的由来和传说、节日习俗、节日美食、有关节日的诗词文化等，将我国传统节日教育与幼儿园日常生活、游戏相结合，让幼儿在日常的生活和游戏中学习，获得愉悦的情绪、情感体验。同时，可以通过组织、开展各种主题活动来烘托传统节日氛围、引导幼儿了解传统节日习俗等，增强幼儿民族文化意识，让幼儿深入地感受与体验我国传统节日文化的独特魅力。教师还可以将传统节日的教育目标、内容蕴含在幼儿园的教育环境中，利用楼梯、走廊、班级等空间，创设具有中国传统节日的教育环境，让幼儿在环境的熏陶下潜移默化地感受中华传统文化的博大精深与源远流长。

第二节　幼儿园传统节日教育活动的目的和意义

传统节日是中华民族几千年来传承下来的生活习俗，它寄托着中华民族的历史情感，经过历史长河的积淀与洗涤，凝聚了文化习俗、祭祖敬长等中华民族的优良传统。教师可以以此为基础，进行专业、科学地筛选，去除传统节日中的封建糟粕，取其精华，将传统节日与现代生活的发展相结合，巧妙地把传统节日文化知识与经验传递给幼儿，精心设计并实施传统节日主题活动，使传统节日文化获得传承与发展。

一、培养和提升幼儿的文化素养

传统节日是中华民族传统文化的具体体现。教师通过传统节日教育活动引导幼儿学习中华民族的传统美德，并将其发扬光大，传承优秀的民俗文化。这对幼儿人生观、价值观的形成具有重要意义和深远影响。在传统节日文化中，有很多与德育相关的教育内容，且不同的节日教育价值又各不相同，如重阳节提倡尊老、敬老、爱老、助老的品德；端午节是纪念爱国主义诗人屈原的日子，旨在引导幼儿学习和发扬其爱国主义精神及洁身自好的高尚品德等。德育是当前素质教育的重点方向，是落实“立德树人”教育根本任务的重要载体，将传统节日中的德育元素与幼儿园教学活动相结合，可以丰富幼儿教学的内容和形式，让幼儿在收获知识的同时，受到传统节日文化的熏陶和感染，逐渐形成良好的美德。同时，传统节日作为中华优秀传统文化的重要内容，也是促进幼儿健康成长及道德认知的必要因素。教师要在传统节日的渗透和影响下，引导幼儿积极参与传统节日体验活动，了解丰富的传统文化内涵，从而构建自己的道德观、价值观和是非观，培养其良好的行为习惯和道德意识，让中华传统美德在幼儿的心中生根发芽、茁壮成长。学习传统节日的内容也是提高幼儿文化素养的重要方式之一。幼儿园应重视传统节日的教育作用，采用丰富的教育形式，寓教于乐，向幼儿简单地介绍传统节日相关知识，从而提高幼儿对传统节日的认知，促进其身心和谐、健康发展。

传统节日具有丰富的文化内涵，节日的仪式感是我们日常生活中的调味剂。对幼儿进行传统节日教育能增强幼儿对自己国家与民族的认同感。传统节日主题活动的实施，有利于从学前教育阶段开始弘扬与传承中华优秀传统文化，激发幼儿对传统节日的喜爱之情，使幼儿的社会交往能力得到锻炼，提升幼儿的民族情感认知。不同的传统节日蕴含的文化底蕴不同，如端午节旨在培养幼儿的爱国之情；中秋节与春节培养幼儿爱家、与家人团圆的情感；清明节与重阳节培养幼儿祭祖、敬长的情感等。幼儿在丰富多彩的传统节日教育活动中能培养与提升自身的文化素养。

二、丰富和完善幼儿园教学资源

幼儿园教学资源不应局限于幼儿园本身，应由“家、园、社”三方共同努力，丰富、整合与完善教学资源。传统节日主题活动在实施的过程中，三方资源的整合使得教育效果更佳。幼儿园的环境创设是一种隐性教育。教师可以在园所环境中创设与传统节日相关的教育内容，利用一日活动中的过渡环节引导幼儿学习其蕴含的教育价值。在家庭中，家长应承担起教育幼儿的责任，提高随机教育意识，善于发现和抓住传统节日的教育契机，促进幼儿学习和观察节日中所渗透的社会情感。教师要善于利用社区与家长的力量开展传统节日教育活动。在传统节日主题活动实施的过程中，教师也可以借助多种教材、教具的制作与使用，结合三方的创意与想法，为幼儿提供更多的表达与表现机会。在三方共同促进幼儿发展的教育环境下，让幼儿园教学资源得到最大化的丰富与完善。

三、丰富幼儿情感体验

幼儿的情感发展对其身心健康成长和学习具有重要的影响。因此，情感教育是幼儿园教育工作中的一项重要内容。3～6 岁幼儿心智才刚刚开始发育，不具备独立的学习与判断能力，需要家长和教师对幼儿的情感进行引导，培养幼儿正确表达和调节情感的能力。传统节日文化中蕴含着人们的智慧和对未来美好生活的期寄之情，包含着丰富的情感元素。在日常的幼儿园活动中，教师引导幼儿学习传统节日的知识，可以丰富幼儿的情感体验，让他们从情感和心灵上感受传统节日文化的魅力，从而逐步获得情绪、情感的发展。

四、促进幼儿社会性发展

幼儿社会性能力主要是指幼儿将来适应社会所必需的一些能力，如观察能力、人际交往能力、自我表达能力、劳动能力、合作能力、模仿能力等。传统节日的仪式感可以成为生活的调味剂。在每个传统节日到来之际，人们都会为此举办各种具有文化特色的社会性民俗活动，体现了节日的重要性和纪念意义。幼儿可以在教师的带领下，参与传统节日的庆祝活动，感受与平时不同的节日氛围，获得不同的情绪体验。同时，幼儿也可以借此了解每个传统节日的内容和特点，丰富幼儿对生活、对传统节日的认知，提升幼儿相关经验，拓展其认知范围和内容。从古至今，每当传统节日来临之际，亲朋好友们都会聚在一起庆祝节日，交流感情，传递美好的心愿和祝福。可以说，传统节日是人与人之间沟通情感和关系的桥梁和纽带。因此，将传统节日融入幼儿园教育活动时，幼儿会与教师、同伴进行与传统节日有关的交流与互动，这样不仅能拉近教师与幼儿、幼儿与幼儿之间的距离，还能为幼儿创造更多表达的机会，使其在交往、沟通、合作中获得社会性能力的发展。

第三节　幼儿园传统节日教育资源开发与利用

幼儿园传统节日教育活动的设计与实施离不开对传统节日教育资源的开发与利用。教师要树立正确的儿童观、教育观和课程观，思考如何引导幼儿在传统节日探索过程中，获得经验的发展与能力的提升，并以此为依据，对传统节日资源进行价值判断，挑选出适宜幼儿开展的教育内容，再结合幼儿兴趣与发展需要进行活动设计，打破原有“过节”的思维定式，让幼儿过他们自己想要的“节”。

一、发现幼儿，基于兴趣需要开发教育资源

教师应将传统节日教育资源作为一种可开发、利用的素材，充分利用传统节日的各种元素开展教育活动，不要为了过节而过节。课程研发服务的主体是幼儿。幼儿是活动的参与者和主导者。教师是活动的引导者和支持者，要善于聆听儿童的声音，结合《3～6 岁儿童学习与发展指南》（以下简称《指南》）中幼儿的发展特点与目标，既照顾到幼儿的兴趣，又满足其发展的需要，比如，为什么过年要放鞭炮、端午节的粽子有哪些口味……只有用心捕捉幼儿感兴趣的问题，将幼儿的兴趣与发展作为传统节日资源开发的出发点和落脚点，才能找到适宜的资源切入点。

筛选传统节日教育资源时，教师应聚焦幼儿，立足园本特色，遵循《指南》要求，从幼儿的实际情况出发，结合幼儿的年龄特点，关注幼儿经验发展需要，对传统节日资源进行筛选、改造、创新，充分挖掘其教育价值，为幼儿提供多元的发展机会。

二、追随幼儿，基于儿童经验预设活动形式

教师在筛选传统节日教育资源时应充分了解幼儿的前期经验，才能准确地把握其年龄特点，对传统节日教育资源做出科学的价值判断，引导幼儿在原有经验的基础上“跳一跳”，达到最近发展区，促进幼儿经验的发展。教师可以通过细致观察活动中幼儿的状态（包括语言、行为、眼神、情绪等）、自主表达、同伴间互动等预判幼儿的最近发展区，如大班幼儿已有和面的经验，中秋节时，孩子们尝试着迁移相关经验，自己动手制作月饼。幼儿在迁移、运用经验的实践过程中，经验和动手能力获得了提升。教师应将传统节日教育资源作为一种载体、素材进行开发与利用，站在幼儿的视角，追随幼儿的兴趣，观

察、分析、解读幼儿的行为，利用多种途径和手段激发幼儿自主学习，为其提供适宜、有效的支持，促进其全面发展，进而充实和完善幼儿园课程内容。

三、支持幼儿，基于年龄特点调整活动过程

教师要站在儿童的视角，选择适合其年龄特点、符合其身心发展规律的传统节日资源进行开发与利用，引导幼儿通过直接感知、亲身体验、实际操作，真正地了解中国传统节日蕴含的文化内涵。如引导幼儿谈一谈什么是重阳节、重阳节要做什么，请孩子们投票选择尊老、敬老、爱老、助老的活动内容，并将在家为爷爷、奶奶做事情过程中发生的趣事用绘画表征的方式进行记录，与同伴分享自己的所见、所闻、所想，体验重阳节民俗活动的价值与意义。

此外，教师在设计与实施传统节日教育活动时，要更多地关注幼儿的意愿，预设与生成相结合，提供足够的时间、空间及材料，支持幼儿过自己想要的节日。教师在设计活动时，应多思考孩子们想怎么过节、打算做哪些事来庆祝节日……这些都可以成为生成传统节日活动的切入点。为了更好地了解幼儿的前期经验和兴趣点，教师可以采用不同的方式如问卷调查、前期观察、谈话等进行调研，以此为依据，发现幼儿对节日活动的前期经验、兴趣和问题，并将幼儿的观点或问题适时转化为关键性提问，生发活动。比如，幼儿希望能在中秋节的时候穿越时空。于是，教师支持幼儿的想法，通过选择、穿搭适合自己的服装，扮演嫦娥仙子，与幼儿互动、游戏，让幼儿度过了一个难忘的中秋节。

四、发展幼儿，基于文化内涵提升活动价值

传统节日传承着优秀的历史文化，既让人们在节日中增长知识，受到教益，又能彰显文化、弘扬美德、陶冶情操。教师要深入挖掘传统节日资源中的生活内容，引导幼儿逐步地认识、了解、探索并掌握新的生活技能，拓展其生活经验，发挥传统节日资源的教育价值。教师要将传统节日资源转化为课程资源，确保幼儿能全程参与并深入探索，将传统节日活动系列化、主题化、事件化，使幼儿获得连续、系统的经验。教师还应在细心观察幼儿兴趣点的同时，沿着幼儿关注的问题和思路，设计与实施丰富多彩的传统节日教育活动，帮助幼儿提升经验，加深对传统节日的了解。

教师要提前做好与传统节日有关的准备工作，选择相关的习俗、美食、传说等内容，结合《指南》进行活动预设，生成班级教育活动，以此来丰富幼儿园主题活动内容。如在开展中国传统新年即春节的活动中，教师以孩子们感兴

趣的年兽为切入点，将幼儿感兴趣的内容与《指南》进行比对，结合幼儿五大领域发展目标支架幼儿活动，使得传统新年资源的开发与利用有目的、有依据。教师还可以利用谈话、散步、自由活动等环节与幼儿谈一谈传统节日看到的美景、吃到的美食，让他们听一听有关传统节日的传说等。在说一说、看一看、听一听的过程中，让幼儿与同伴分享自己对传统节日的感受和体验。

五、家园协同，充分利用家长资源

家长资源是传统节日教育资源开发与利用的助力军。教师应围绕传统节日活动内容建立家长资源库，尤其关注有专长或者有相关职业优势的家长，积极向家长宣传“传统节日”对幼儿成长的重要性，充分调动家长的积极性，招募活动志愿者，邀请家长共同参与传统节日教育资源的开发与利用。比如，重阳节，邀请爷爷、奶奶来幼儿园，为幼儿创设敬老、爱老的机会。元宵节，引导父母和孩子一起制作灯笼，并搜集适合孩子猜的灯谜，邀请父母参加亲子游园会等。

总之，幼儿园传统节日教育资源建设是一个动态的过程，它需要教师基于儿童视角，强化课程意识，不断挖掘、利用、创造一切可以利用的资源，并在不断地实践、交流、反思、调整与收获中，促使幼儿、教师在传统节日教育资源建设中得到全方面的发展。

第四节　幼儿园实施传统节日教育活动的途径

中国的传统节日丰富多彩，每一个传统节日都有特别的习俗，每一种习俗都是一种文化，节日中所蕴含的文化特点、情感体验精彩纷呈。作为教师，要做好充分的活动准备，学习并分析不同传统节日的核心教育价值，对传统节日资源进行挖掘、筛选与评估，梳理出适合幼儿参与的传统节日活动内容。

一、让幼儿亲历庆祝节日的全过程

传统节日对于幼儿来说是生命中的特殊时刻，与平时的幼儿园生活有着很多的不同，充满了新鲜感。孩子们每过一个传统节日，就有机会深入了解这个节日的习俗。每一个传统节日都有不同的习俗。教师设计活动时往往围绕传统节日主题，让幼儿充分体验节日氛围，了解民俗习惯，并全程参与节日活动。这种一般性的节日活动能满足幼儿的好奇心，让幼儿亲历节日庆祝的全过程。比如，春节时，我们一起布置庙会、“集五福”。“五福”的寓意是“五福临门”

"福气满满"，包含着人们对新年的美好希望。清明节时，幼儿会在游戏区捣艾草汁、做青团，既感知了植物的汁液可以给面团染色，又了解了面团的特性，发展了动手制作美食的能力。重阳节可以开展赏菊活动，幼儿可以观察不同形态、颜色的菊花，运用多种形式、多种材料表现菊花。中秋节时，引导幼儿做月饼，听《嫦娥奔月》的故事，细致观察农历八月十五圆圆的月亮，感受家人团圆的氛围等。在形式多样的节日习俗活动中，不同年龄段的幼儿都能在庆祝节日的游戏中提高不同的技能。

二、针对不同年龄段幼儿设计的传统节日活动侧重点不同

幼儿园里很多活动都是同步开展的，只是针对不同年龄段幼儿设计的活动其活动形式会有所不同。整体来说，小班活动重在感受节日氛围，中班活动重在体验与操作，大班活动重在自主设计与参与。教师要根据幼儿的年龄特点与发展水平，选取适合的切入点，引导幼儿参与庆祝节日的风俗活动。比如，在春节活动中，小班注重让幼儿在各种庆祝活动中感受过年的气氛；中班通过剪窗花、贴"福"字、扫房等活动激发幼儿积极参与、亲身体验；大班通过参与新年习俗、花灯设计和制作等活动，让幼儿体验年与"我"的关系，了解传统节日习俗的内在含义，逐年积累、加深对春节的理解，充分感受这一传统节日的魅力。

三、将园级大型活动与班级主题活动相结合

我园有很多传统节日的常规活动，比如，打破年级界限、全员参与的庙会活动；每个传统节日都要制作与之相匹配的特色美食。除了园级层面开展大型活动外，班级层面还要开展与传统节日相关的主题活动，比如，"新年月"主题活动，教师会了解幼儿的新年愿望，组织幼儿调研爸爸、妈妈小时候是如何庆祝新年的、家乡过年习俗有哪些等，再结合五大领域发展目标，选择大多数幼儿都感兴趣的形式开展班级教学活动。

此外，教师还要充分利用一日生活的各个环节，在活动前、活动中、活动后积极邀请幼儿全程参与。比如，活动前，孩子们会参与节日习俗调研活动，和爸爸、妈妈一起查阅与这个传统节日有关的资料。幼儿来园后，与同伴分享前期调查的资料。幼儿之间充分讨论自己想象、设计的庆祝节日的活动，积极参与活动方案的策划、制订，再和同伴、教师一起准备各种材料、布置环境。幼儿有足够的兴趣和能力参与传统节日活动的设计和实施等环节，能够在营造的节日氛围中亲历真实生活中庆祝节日的全过程。比如，"集五福·庆新春"

活动中，小班幼儿在生活中寻找与属相有关的场景与线索，共同收集“智慧福”；中班幼儿在角色区和面、包饺子，共同收集“健康福”；大班幼儿自主设计吉祥物，迎新、纳福、写春联，装饰幼儿园公共环境。

四、营造真实情景，紧密联系幼儿生活经验

教师在组织幼儿参与传统节日的活动中，往往需要营造真实的情景，预设真实的问题，并与幼儿的生活经验紧密相连。真实情景的打造需要进行环境创设，结合不同的传统节日有不同的环境创设要求。比如，教师和孩子们精心策划、共同准备，将“新年庙会”这一传统民俗文化活动“搬进”幼儿园。孩子们在创作、品尝与体验中，感年俗、品年味、享年趣。

在设计传统节日活动时，教师要重视与幼儿生活经验相联系。其中，制作传统节日美食与幼儿生活经验连接得最紧密。比如，中秋节制作月饼。每年的中秋节，孩子们在家里也能吃月饼、观察月饼，但是很少自己动手制作月饼。幼儿园可以为幼儿提供相应的食材和工具，由厨师或教师统一教幼儿月饼的基本做法，然后带领幼儿真实地制作月饼，并将做好的月饼带回家，与家人分享。

五、充分利用城市及社区资源，组织社会实践活动

幼儿园所在的城市及周边环境是自然形成的活动资源。其中，参观、实践活动已成为幼儿园活动的重要组成部分，也是幼儿特别喜欢的活动形式。争取家长的支持与配合是组织并开展社会实践活动的常用形式。比如，以清明节为例，节日来临之前，教师可以和幼儿一起制订踏青出行的活动计划。活动中，孩子们在家长的协助下充分感受大自然的美，画出他们眼中的自然美景。活动后，教师和幼儿在班里组织春天美景画作分享活动。再比如，春节时，教师可以发出倡议，让家长带着孩子逛一逛各种主题的庙会，在参观、游览的过程中，让孩子通过看、听、说、尝、操作等感知庙会的传统习俗，感受传统文化的魅力。回家后，在家长的协助下，孩子把自己的所见、所思、所感用照片、绘画、简单的文字等形式制作成小书，带到班里，大家一起分享、交流，共同学习。

组织社会实践活动前，教师要做好充分的准备工作，做好前期环境的勘察，判断是否存在安全隐患，熟记活动流程。教师在参观活动中，要灵活运用多种指导策略，保证幼儿健康、安全的同时，为幼儿提供自由发挥的空间。在参观活动结束后，教师应根据幼儿的发展需要帮助幼儿巩固在现场体

验中获得的有效经验。多种形式的活动能让孩子们充分感受传统节日民俗活动的丰富多彩，在体验、操作中，自觉地成了中华民族传统文化的传承者和弘扬者。

六、通过不同形式的庆祝活动，为幼儿提供展示的机会

幼儿喜欢看得见、摸得着的物化节日活动。《指南》中也提出："幼儿的学习是以直接经验为基础，在游戏和日常生活中进行的，要珍视游戏和生活的独特价值，创设丰富的教育环境，合理安排一日生活，最大限度地支持和满足幼儿通过直接感知、实际操作和亲身体验获取经验的需要。"在班级层面，教师可以根据传统节日的核心线索设计多种多样的活动，以五大领域各年龄段幼儿发展目标为基础，利用各个区域游戏的特点让幼儿亲自动手操作、亲自表演，在游戏中感受传统节日活动的乐趣，了解传统节日的风俗习惯，让幼儿通过实践对中华民族传统节日形成深层次的认知，感受到传统节日丰富的内涵和深远的意义。比如，组织幼儿在美工区用纸黏土包饺子、制作灯笼，在表演区进行情景表演。

在园级层面，可以依据传统节日主题组织画展、音乐会、联欢会等大型活动，鼓励幼儿用艺术的形式大胆地表达对传统节日的喜爱之情。无论开展哪种体验活动，都应给幼儿提供充分展示的机会，满足幼儿的实际发展需要，积极引导幼儿主动参与各项实践活动，发挥幼儿的自主性、创造性，给幼儿提供足够的空间去思考和想象。

七、设计丰富、有趣的亲子活动，充分调动家长的积极性

家长对传统节日的关注和态度会直接影响幼儿。因此，在开展传统节日活动的过程中，教师要及时与家长交流，取得家长对活动的理解与支持。家长能充分利用社区资源或环境优势，创造条件，帮助幼儿积累真实的过节经验。比如，重阳节，爸爸、妈妈可以和孩子一起讨论用什么方式来表达对家里老人的关心和爱护。孩子们通过讨论发现可以用自己的行动来表达对长辈的爱。家长可以为幼儿提供机会，让其在家里帮助爷爷、奶奶做一些力所能及的事情，如择菜、洗碗、擦桌子、拿拖鞋、捶捶背等。总之，如果传统节日活动能有家长的参与和支持，会开展得更好。

其实，每到传统节日，幼儿都在放假，都是在家里度过的。因此，幼儿园只能尽量模拟当时的情景，并不能完全代替。幼儿园要注重转变家长观念，让家长明确传统节日教育的重要价值及意义。比如，教师在传统节日活动开展之

前，可以在班级家长微信群或班级网站等信息平台上向家长宣传相关的节日知识和特色活动，丰富家长有关传统节日与教育有关的知识。在家过节时，教师可以明确要求家长带领孩子感受特别的传统节日习俗活动和节日氛围，并进行相关的记录等。比如，清明节时，让家长带着幼儿祭祖、踏青。过节后，教师要结合该节日主题及时和幼儿展开讨论，采用多种形式巩固和丰富幼儿的过节经验。再比如，中秋节活动，教师可以在活动前发放调查表，邀请家长和孩子一起了解有关中秋节的起源，了解中秋节团团圆圆的寓意，一起赏月等。多种形式的家园合作能有效提升幼儿对传统节日的感受与体验，进一步传承中华传统文化。

第二章　春　节

第一节　园级活动

一、“集五福·庆新春”活动

新年将至，幼儿园里年味浓浓，春意融融。教师和幼儿精心策划、共同准备，将新年庙会这一传统民俗活动“搬进”了幼儿园。孩子们在创作、品尝与体验中感年俗、品年味、享年趣。充满趣味的“庙会迎新”活动让孩子们充分感受春节民俗文化的丰富多彩，在体验和操作中，成了中华民族传统文化的传承者和弘扬者。

（一）活动背景

春节是中国民间最隆重而盛大的传统节日，历史悠久，从上古时期岁首祈福、祭祀演变而来，在传承与发展中承载了丰厚的历史文化底蕴。新春贺岁围绕着祈福、祭祀活动，以辞旧迎新、迎禧接福、阖家团圆等习俗活动展开，内容丰富多彩，热闹而喜庆，年味浓郁，凝聚着中华民族传统文化的精粹。

“集五福”活动是近几年很受欢迎的一种庆祝新年的形式。“庆新春”是孩子们喜欢的节日活动，春节蕴含着丰富的年俗文化。为了激发幼儿参与活动的积极性，开展更多的互动，我园设计了“集五福·庆新春”新年月活动。

（二）活动目标

1. 知道春节是中国的传统节日，愿意用多种形式庆祝农历新年的到来。

2. 了解中国春节的传统习俗，体验春节热闹而喜庆的节日氛围。

3. 能够通过亲自参与“集五福·庆新春”活动，体验并传承节日民俗文化。

（三）活动准备

1. 环境创设

地点	内　　容	时间	负责人
户外场地	“和小兔”人偶服装、许愿树、许愿卡、气球拱形门、红地毯、场地划分示意图、指示牌、拉花、红灯笼、玻璃丝、志愿者证件	第一周	保教主任
教学班	1. 美工区制作灯笼、鞭炮，剪窗花，将各种作品粘贴到班级墙面或窗户上，增加新年气氛 2. 根据班级空间布置拉花，进行装饰 3. 角色区增加具有新年气息的材料，如新年券	第二周	各班班长
教学楼楼道	1. 灯笼 2. 春联 3. 拉花	第三周	各班班长

2. 物料准备

“和小兔”人偶服装、许愿树、许愿卡、气球拱形门、红地毯、场地划分示意图、指示牌、拉花、红灯笼、玻璃丝、志愿者证件。

3. 安全措施

制作安全类提示板、安全标识提示，设置安全员。

（四）活动内容

值此新春到来之际，幼儿园发起了“集五福·庆新春”的活动。“五福”包括智慧福、成长福、健康福、感恩福、新春福。教师制订了每周任务日历表，引导幼儿在日历上打卡。只要幼儿参与每日的打卡活动，就能集到“福”字，具体活动内容如下：

1. 智慧福

新年即将来临，孩子们在张灯结彩、喜气洋洋的氛围中萌生了对新年的期盼。因此，教师设计了“智慧福”活动，希望通过活动引导幼儿了解与新年有关的内容。活动以“新春故事会”为主要形式，围绕新年习俗、年的来历、年兽的故事（图 2-1）等展开，满足幼儿阅读绘本的欲望，让幼儿在阅读中理解春节的由来及相关的习俗，体验年的味道与情感，感受故事中浓浓的中国情、中国味，了解春节的意义。

2. 成长福

教师引导幼儿通过观察自己小时候的照片，发现自己长大了，能大胆地说出自己的本领并展示，能自己的事情自己做。在活动过程中，教师不断激发幼儿兴趣，引导幼儿感受成长的快乐。随着幼儿年龄的增长，其活动能力及范围

图 2-1

也在不断扩大，幼儿对外界事物的认知也在不断拓展，其自主能力及想象能力也在提升，也能帮助他人做一些力所能及的事情。

3. 健康福

教师引导幼儿通过膳食营养金字塔（图 2-2）了解蔬菜、水果、肉、蛋、奶等食物的营养价值，知道进餐时需要荤素搭配、营养均衡。教师借助活动中的多种游戏形式（图 2-3）吸引幼儿，增加幼儿对健康饮食的兴趣，引导幼儿养成不挑食的好习惯。

图 2-2

图 2-3

幼儿园一日生活即教育。饮食中承载着中华食文化的传统与精华。教师应结合幼儿对美食的喜爱，在新春佳节来临之际，给他们讲讲关于春节美食的故事，告诉孩子爸爸、妈妈小时候是怎么庆祝新年的。家长也可以带领孩子一起玩传统体育游戏，鼓励幼儿多运动。

4. 感恩福

感恩是中华民族的传统美德，是人的重要道德基石，是家庭和睦的根基。本周的活动主要是说一说感恩的话，说一些吉祥话（图 2-4），做一件感恩的事。比如，为家人做些什么，用多种形式向家人表达感恩之情。活动中，教师将幼儿熟悉的人物以幻灯片的形式展示出来，创设与幼儿生活贴近的情景，为幼儿创设一个自由、宽松的语言环境，使他们想说、有机会说、会说、敢说。同时，鼓励幼儿主动参与家务劳动，锻炼幼儿的生活自理能力和服务他人的能力。

5. 新春福

春节是我们中华民族的传统节日，是农历新年的开始，到处都喜气洋洋，人们都在为迎接春节做准备。为了引导幼儿对身边常见事物和现象产生兴趣和探究欲望，让孩子们体验过新年的快乐，知道自己又长大了一岁，教师们精心设计了相关的教育活动。新年是孩子们最开心的时候，周围的环境也因为这一节日的到来而发生了变化，带给孩子们很多快乐的期待。教师以班级为单位设计并开展了新年联欢活动（图 2-5），将前期集“福”过程中积累的作品进行展示，引导幼儿进行多种形式的艺术表达，如歌舞、手工制作、故事讲述、绘画、摄影等，让幼儿在体验快乐的过程中，感受春节热闹、喜庆的节日气氛。

图 2-4

图 2-5

（五）活动安排

时间	内　　容	家 园 共 育	负责人
第一周 智慧福	1. “和小兔”发出《集五福·庆新春”邀请函》 2. 讲新年故事 3. 颁发“智慧福”	1. 准备关于春节的由来及习俗故事绘本 2. 查阅有关春节的习俗、意义等资料	班长/教师
第二周 成长福	1. “和小兔”邀请幼儿参与活动 2. 体验独一无二的我，展示自己的才艺和本领 3. 为春节做准备：剪窗花、做兔子灯笼、写“福”字、贴春联 4. 颁发“成长福”	1. 帮助幼儿写一封信，内容包括新年愿望、期待、成长经历；写好后，念给幼儿听，录制视频并分享 2. 录制《我的成长故事》视频	班长/教师

（续）

时间	内　　容	家园共育	负责人
第三周 健康福	1. 以健康为主题，开展新年体育活动 2. 设计健康的新年美食 3. 幼儿介绍家乡春节美食及饮食礼仪 4. 制作新年健康美食 5. 颁发“健康福”	1. 利用废旧材料制作体育活动的器械 2. 搜集新年美食制作步骤图	班长/教师
第四周 感恩福	1. 理解并讲述什么是感恩 2. 尝试为家人、同伴做一些力所能及的事 3. 感恩身边的人 4. 筹备新年联欢会 5. 颁发“感恩福”	1. 搜集关于感恩的绘本及发生在身边的感恩故事、案例等 2. 筹备新年庆祝活动	班长/教师
第五周 新春福	1. 录制新年祝福视频 2. 由各班教师策划并安排落实与新年有关的游戏、节目 3. 颁发“新春福”	为幼儿准备新年礼物	班长/教师

二、“喜迎新春，德润童心”活动

春节是我们中华民族的传统节日，承载着“团圆、关爱、希望、幸福”等丰富的传统文化内涵。新年临近，幼儿园里年味浓，情意满，大家都在为迎接新年做准备。为了让孩子们体验新年喜庆、热闹的节日气氛和又长大一岁的快乐，教师和孩子们精心策划、共同准备和布置新年环境。孩子们对春节习俗展开了热烈的讨论，寄予了美好的期望，希望用自己喜爱的方式迎接农历新年的到来。幼儿园里也组织并开展了一系列活动，让幼儿通过活动了解春节这一传统节日，让春节更具有趣味性。

（一）活动背景

春节是中华民族最隆重的传统节日，它不仅集中体现了中华民族的思想信念、理想愿望、生活娱乐和文化心理，而且还是祈福攘灾、阖家团圆、共享美食的时刻。

庆新年是孩子们喜欢的节日活动，新年活动中蕴含着丰富的习俗文化。为了让孩子们更多地了解中国春节的传统习俗，加深幼儿对传统节日的认识，传承民族文化，我们开展了一系列春节活动，将庆新年活动与各班主题活动自然融合，将“立言”“立德”“立行”融入活动中，让孩子们更好地认知春节，感受传统文化的魅力，达到“喜迎新春，德润童心”的目的。

（二）活动目标

1. 知道春节是中国的传统节日之一，愿意用多种活动形式庆祝春节。

2. 了解春节传统习俗，体验传统节日的热闹与喜庆。

3. 能通过主动参与新年习俗活动，传承中华传统文化。

（三）活动准备

1. 环境创设

各班级新年环境布置、贴春联和“福”字、自制灯笼、制作新年美食、剪窗花、布置新年音乐会环境、设计冬奥吉祥物、布置诗词大会现场、制作梅花等。

2. 物料准备

泡沫手工板、彩色纸、白纸、卡纸、红色纸、剪刀、制作灯笼的工具和材料、超轻黏土、一次性纸盘、一次性纸杯、音乐会展板、诗词大会展板、吉祥物展板、布、布展需要的相关材料、毛笔、演出服饰和道具等。

3. 安全措施

制作安全类提示板；进行安全标识提示；设置安全员。

（四）活动内容

1. 琴棋书画迎新年

（1）制作新年邀请函。

教师和孩子们带着美好的期待和满满的憧憬，迎来了幼儿园的新年月。孩子们对新年有着无限的期待和幻想，包括美食、新衣服、红包、假期旅行、礼物和美好的愿望。因此，在新年月的活动设计中，每周都有值得期待的活动内容，也是孩子们喜爱的活动。新年月系列活动中的第一个活动就是新年音乐会，还有趣味诗词大会、美食节、新年运动会和新年联欢会等。为此，孩子们也准备了邀请函（图 2-6），从设计并制作邀请函到活动的开展，孩子们始终热情、积极地投入活动中，精心地准备，获得了成就感和仪式感。每周活动都有不同的主题，使活动更具多样性和趣味性，带给孩子们新鲜感，使幼儿在多样的活动中学习春节的礼仪及风俗习惯，并丰富自身经验，让孩子们在丰富多彩的活动中感受与体验、展示与分享。

（2）设计新年节目单。

为了使孩子们愉快地度过一个幸福而有意义的新年，体验师幼共同欢庆新年的乐趣，孩子们确定了自己要表演的节目，并且根据自己上报的节目制作节目单（图 2-7～图 2-9）。为了在新年音乐会当天有更好的表现，孩子们竭尽全力在班里和家里反复练习（图 2-10、图 2-11），满怀欣喜和期待。家长也很用心，利用晚上的时间帮助孩子准备节目，陪着孩子一起练习。在大家共同排练

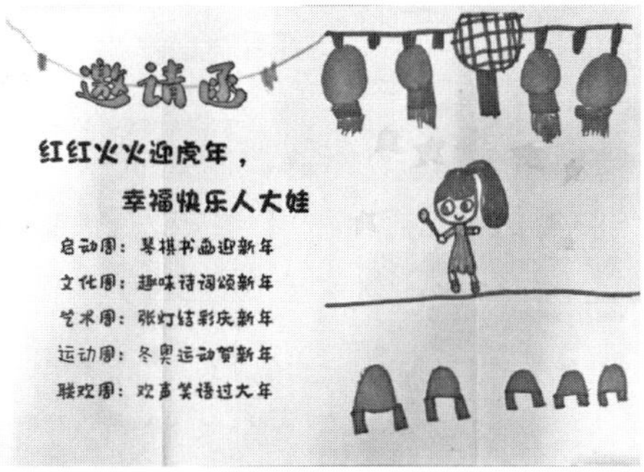

图 2-6

的过程中，增进了同伴、师幼、家长间的关系与情感。孩子们还一起设计并制作了精美的服装和道具，利用这个宝贵的机会向大家展示个人才艺。在此过程中，孩子们做事情更有计划性，也更加自信，愿意大胆地表现自己。

图 2-7

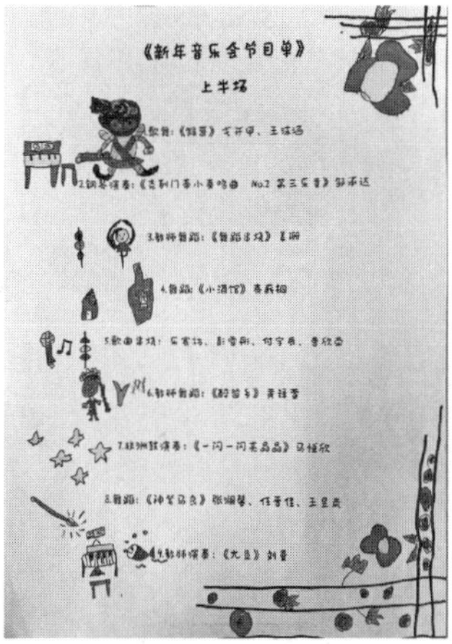

图 2-8

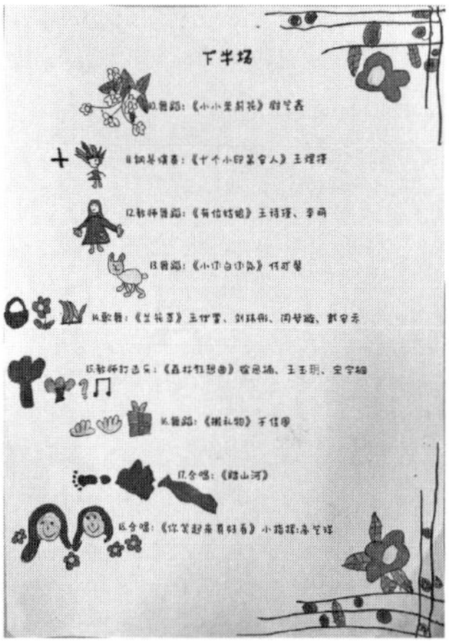

图 2-9

图 2-10

图 2-11

（3）新年音乐会。

到了新年音乐会这一天，孩子们穿着漂亮的服装，积极表演（图 2-12、图 2-13），展现着自己的风采和活力。教师们也带来了精彩的节目（图 2-14、图 2-15）。孩子们看到教师们精心准备的节目，有一种新奇的感受。师幼在美好的音乐中共同庆贺新年的到来，到处是欢歌笑语，温情满满。

图 2-12

图 2-13

图 2-14

图 2-15

2. 趣味诗词颂新年

古诗词浓缩了两千年来中国的历史与文化，写尽了大好河山的美景，道尽了人世间的悲欢离合，赋有节奏、韵律的美感，是中华民族历史长河中浓墨重彩的一笔。一代又一代的孩子们受古典诗词的启蒙，感受其文字美、韵律美、意境美。春节是中华民族最隆重、最热闹的传统节日。古往今来，有关春节的诗词歌赋数不胜数，留下了许多诗情画意的诗篇。本次活动中，教师邀请家长与孩子们一起选择感兴趣的古诗词，鼓励他们以各种形式表现古诗词的美（图

2-16、图 2-17），挖掘古诗词的含义和背后的故事，一起在最美的诗词中感受最地道的年味。孩子们通过说、演、唱、猜等有传统色彩的形式，如大班哥哥、姐姐表演的《飞花令》节目（图 2-18、图 2-19），体会中国古诗词的美，感受中国传统文化的博大精深。

图 2-16

图 2-17

图 2-18

图 2-19

3. 张灯结彩庆新年

感受浓浓年味，品味多彩年俗。张灯结彩庆新春，喜庆祥和中国年。为了迎接新年的到来，孩子们开展了新年艺术展活动。他们通过自选主题、自己创作、布展、参观、体验，感受着传统文化的独特魅力。在展览的过程中，孩子们还可以体验写“福”字、剪窗花（图 2-20～图 2-22）等习俗活动，体现了自己对春节传统习俗的理解和创意，赋予了别样的新年色彩。“福”字和灯笼不仅带来了美好的寓意，是传统与创新的融合，也寄托着孩子们对新年的美好向往和期盼。孩子们有着自己的新奇视角和独特感受，在与同伴一起动手制作年夜饭（图 2-23）的过程中，感受与体验传统美食习俗的乐趣，在参与新年活动中感受新年的喜庆气氛。

图 2-20

图 2-21

图 2-22

图 2-23

4. 冬奥运动贺新年

（1）奥运大调查。

“奥运会”是团结和友谊的象征，是“更高、更快、更强”精神的体现，它所倡导的“重在参与”得到了世界人民的赞赏。为了从小培养孩子们热爱冰雪运动的兴趣和习惯，强健体魄，陶冶情操，增长见闻，我们设计并开展了各种与冰雪运动相关的主题活动，从而提高孩子们对冬季奥林匹克运动会的认识，引导孩子们开启了冬奥运动大调查活动，通过冬奥专题讨论、设计运动项目（图 2-24）、制作会徽、投票的方式，选出幼儿自己设计的奥运吉祥物（图 2-25～图 2-27）。学习关心和了解国家大事，培养主人翁意识及热爱祖国的情感。

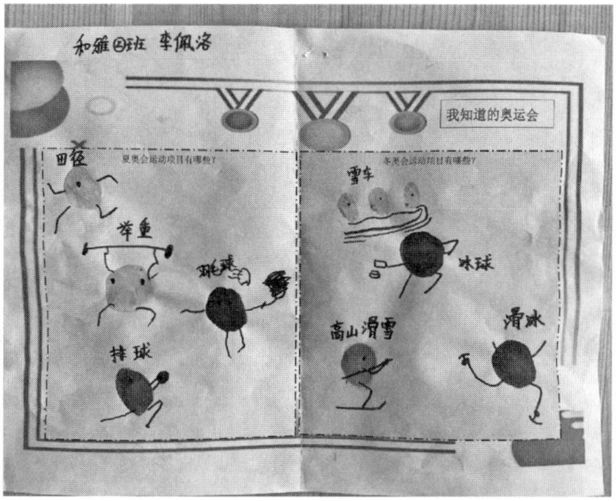

图 2-24

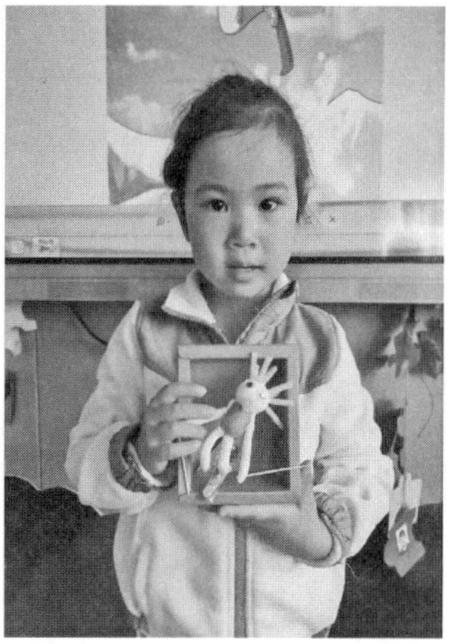

图 2-25

图 2-26

图 2-27

（2）冬奥会开始啦！

随着冬奥脚步的临近，孩子们对冬奥会比赛项目也越来越感兴趣。为了提升幼儿体能，结合时事热点话题，幼儿园也要开“冬奥会”了。孩子们自己设计运动会项目，小班幼儿进行体操展示（图 2-28），中班幼儿进行排球展示（图 2-29），大班幼儿和教师们进行了跳绳展示（图 2-30）。孩子们经过认真的练习，展现了小小少年的冬奥精神。教师把冬奥会的项目和游戏相结合（图 2-31），寓教于乐，创意教学，增强孩子们的体验感，让每个幼儿都能

"花样"成长，让每个幼儿都能长出自己的"花样"并积极参与活动项目。相信这次冬奥会的活动给孩子们带来的不仅是对冬奥会的了解，对游戏项目的体验，还有对冬奥精神的感受和传承。同时，也为北京冬奥加油！

图 2-28

图 2-29

图 2-30

图 2-31

5. 欢声笑语过大年

敲起锣鼓，放鞭炮，新的一年要来到！在新年的快乐时光里，孩子们体验着浓浓的中国年味，感受着春节的喜庆气氛，以及浓郁的中国传统文化特色。在经历了几周的精彩活动后，我们迎来了最后一周的新年活动，各班有序开展了新年联欢会。孩子们在新年联欢会上尽情地展现着自己的本领（图 2-32～图 2-34），表现出活泼与热情，也让我们感受到了孩子们的童真与希望。孩子们积极参与好玩而丰富的新年游戏，团结友爱，奋力拼搏。在大家的欢声笑语（图 2-35）中，我们的新年月活动也要落下帷幕了，孩子们在这为期一个月的活动中通过多种方式体会了中国传统的年味，感受着红红火火的过节气氛。

图 2-32

图 2-33

图 2-34

图 2-35

（五）活动安排

时间	项　　目	内　　容	负　责　人
第一周	琴棋书画迎新年 （启动周）	1. 引导幼儿说出在幼儿园如何欢度新年并用图、文呈现 （1）亲子发现：过年的时候，家里有什么习俗 （2）你想如何庆祝新年 （3）你想吃什么新年美食 2. 各班教师收集幼儿的想法后，上传图片及文字到幼儿园共享网盘里	各班教师
		3. 新年音乐会（新年月活动启动仪式） （1）幼儿自报节目 （2）班级自报节目 （3）大班现场参加，其他班级在线观看	各年级组长
		4. 邀请幼儿参与：给每个小朋友送邀请函；邀请家长和孩子们一起制作带有谜语的灯笼并装饰幼儿园户外环境	各班教师

（续）

时间	项　目	内　容	负　责　人
第二周	趣味诗词颂新年（文化周）	1. 扫房日：全班进行大扫除，幼儿做力所能及的事情 2. 师幼共同装饰班级及幼儿园环境：“福”字、年画、剪纸、灯笼 3. 进行文化展示竞赛 首先，以班级为单位进行展示，录制展示过程，将视频发给家长欣赏；其次，各班选出优秀作品，参加新年联欢会演出活动，主题固定形式不变：新年手指谣（小班）、新年故事会（中班）、新年诗词大会（大班）	各班教师
第三周	张灯结彩庆新年（艺术周）	1. 自选做灯笼、剪窗花、做花馍、捏面人、做陶泥、扎染、新年纳福（写“福”字、画“福”字、装饰“福”字）、家长写春联等艺术形式，通过区域活动开展 2. 艺术形式备选：画年画、创作各种形式的生肖作品、制作各种形式的灯笼和鞭炮、画烟花、用各种方式绘画蜡梅（如吹画蜡梅） 3. 各班呈现优秀作品，最后集中展出	各年级组长
第四周	冬奥运动贺新年（运动周）	1. 主题活动：进行冬奥项目展示 2. 班级主题运动项目展示，其他班级观摩	各班教师
第五周	欢声笑语过大年（联欢周）	1. 逛新年艺术展，体验艺术活动 2. 品尝新年美食、包汤圆、吃饺子 3. 送祝福：送新年礼物、许愿、祈福、互相拜年、说吉祥话 4. 新年联欢会（以班级为单位开展联欢活动，自报节目），现场抽盲盒，兑奖品 5. 新年自助餐	各班教师
家园共育		1. 写家书、读家书 2. 新年寄语	各班教师

三、新年庙会活动

新年将至，教师在与幼儿充分讨论后，结合他们对庙会的浓厚兴趣，组织、开展了“庙会迎新”活动。充满趣味的“庙会迎新”活动让孩子们充分感受到中国民俗文化的丰富多彩、韵味十足，在体验与操作的过程中，成了中华民族传统文化的传承者和弘扬者。

（一）活动背景

春有百花，冬有雪，夏有凉风，秋有月。时光流转在每个幼儿心间。新年庙会活动蕴含着丰富的民族传统、民间文化及教育素材，体现了对传统节日的重视与传承，以及传统文化的精神内涵。

（二）活动目标

年末，孩子们要在幼儿园里过一个不一样的新年。每年的这个时候，我们都会穿上庄重且有美好寓意的服饰，开展不同的民俗活动，享受多样的传统美食，全情投入各类欢度新年的活动中。

1. 温暖“时光”，情绪表达

时光穿梭，在年味中定格珍贵的瞬间。教师、幼儿和家长们共度难忘的新年时光，用一颗感恩、充满敬意的心，重现那些弥足珍贵的场景。

2. 快乐“拾光”，社会文化

发现身边的快乐，通过视觉、听觉、触觉等多种感官感受快乐。幼儿园生活对于新入园的小班幼儿来说是一个陌生的小社会；对于中、大班幼儿来说，是既陌生又熟悉的幼儿园。我们相约在幼儿园，朋友之间又见面了，幼儿与教师又见面了。所有人在这个大家庭里生活，每天都会“拾”到很多的快乐。

3. 美好“食光”，自立自强

幼儿的能力培养从小班开始，孩子们每天都会品尝不同口味的美食。今天，我们共同迎接新的一年，而美食又是中国传统文化的内容之一。对于幼儿来说，从小就会吃、喜欢与吃有关的一切。因此，我们根据幼儿年龄发展特点，丰富幼儿的饮食文化，让他们对吃有更多的见解。孩子们在进餐前，会有值日生服务。本次新年美食活动以自助餐为主。教师与幼儿共同探讨创设怎样的自助餐环境才能更温馨、更令人愉悦。大家亲自布置自助餐的进餐环境。

（三）活动准备

1. 环境创设

地点	内　　容	时间	负责人
各班教室	庙会展板/主题墙饰	12 月第一周	各班班长
教学楼楼道	新年喜庆吊饰	12 月第二周	各年级组长
操场	展板/横幅/新年环境	12 月第三周	业务管理干部

2. 物料准备

（1）环境材料：气球、彩带、红地毯、条幅、拉花、心愿卡、展板等。

（2）表演材料：舞龙、舞狮表演道具，音响，麦克风，舞蹈音乐。

（3）美食材料：桌子、餐具、菜等。

3. 安全措施

制作安全类提示板；进行安全标识提示；设置安全员。

新年活动能顺利开展，离不开安全的保障。为此，幼儿园制订了《新年活动安全预案》，成立了活动领导小组和应急小组，保证活动场所宽敞、安全、畅通，各班明确疏散地点及路径，尤其关注楼梯拐角处的安全，做到重点及危险地带有专人把守，安保主任及各年龄班保教主任做到随时巡视。在活动过程中，如果发生人员拥堵现象，应及时疏解。

（四）活动内容

1. 游艺会

游艺会以游艺项目为主题。在欢乐、自由的氛围下，家长和幼儿亲子同乐，积极参与各项游艺活动，体验节日的愉快气氛，欢欢喜喜地享受节日的快乐。家长在参与幼儿的节日庆祝活动中，感悟先进的教育理念，获得科学的育儿方法。

2. 美食一条街

以“美食一条街”为主题，创设“小吃街”，摆放各种传统特色小吃，供幼儿和家长品尝，如饺子、糙米糖、花生糖、糍粑糕、年糕……家长带领幼儿在美食一条街中穿梭，品尝各种新年美食，让特色美食在舌尖上荡漾开来，满足味蕾的需要，传递幸福的味道。

3. 民间游戏体验

举办各种亲子游戏，包括传统游戏竞赛，如踢毽子、套圈等。

4. 非遗体验区

在民俗街里举办各种春节习俗展示活动，如剪窗花、猜灯谜、绘制青花瓷、捏泥人、做贺卡、捏糖人、包饺子、写对联、做红包等，让孩子和家长们可以参与其中，一起体验传统文化的深厚魅力。

5. 传统小剧场

传统小剧场主要以幼儿的才艺表演为主，可以表演各种相声、小品、快板、手指谣、诗歌、民族服装秀等，让孩子们亲身体验民间曲艺表演的魅力和乐趣。

6. 跳蚤市场

教师选择空旷的场地作为跳蚤市场，引导幼儿将家里闲置的物品带到幼儿园，使用代金券的形式以物易物，包括设计宣传海报、收集物品、布置摊位、逛各班市场等。

（五）活动安排

时间	内容	家园共育	负责人
8：20—8：30	家长入园	1. 家长带领幼儿在操场上观赏幼儿制作的灯笼、幼儿画展、节目安排表等内容，暂不进入教学楼 2. 发庙会门票（分 4 种颜色，后面有节目安排时间表）	各班班长
8：30—9：30	各班组织活动	1.8：30 主持人宣布庙会活动开始，大班幼儿舞龙表演，掀起过节气氛 2.8：45 各班教师根据本班重点工作，引导幼儿向家长汇报	大班组长
9：30—11：00	庙会	一层主题："传统工艺" 二层主题："室内游戏" 三层主题："北京小吃" 音乐教室："绘本剧表演"	各班班长、业务管理干部
9：30—10：00	庙会（一）	在本层进行活动，各班以年级为单位开展庙会活动	各班班长
10：00—10：30	庙会（二）	小班去中班、中班去大班、大班去小班开展庙会活动	
10：30—11：00	庙会（三）	小班去大班、中班去小班、大班去中班开展庙会活动	
9：40—10：00 10：10—10：30	绘本剧表演第一场 绘本剧表演第二场	在音乐教室开展"绘本剧表演"活动。幼儿通过参与各楼层庙会活动获得观看绘本剧演出的门票 绘本剧表演第一场：大闹天宫 绘本剧表演第二场：三借芭蕉扇	各班班长、一位教师负责催场
11：00—11：15	餐前准备	教师组织幼儿洗手	各班班长
11：15—11：45	午餐	家长观摩幼儿进餐	业务管理干部
11：45—12：00	幼儿离园		

第二节　班级活动

活动一　语言领域：年的来历（小班）

教师：刘佳敏

活动目标

1. 通过欣赏故事了解"年"的来历，初步知道过年的几种习俗。
2. 愿意参与活动，能大胆地表达自己的想法。

3. 感受春节喜庆而热闹的节日气氛。

活动重点

感受过年气氛，了解过年习俗。

活动难点

根据故事内容大胆地表达自己的想法。

活动准备

1. 经验准备：幼儿有和家人一起准备年货、过年的经验。
2. 物质准备：故事视频《年的来历》、庆祝春节的图片。

活动过程

（一）导入环节

观看庆祝春节的图片，了解过年的几种习俗。

（1）师：看一看，图片里的人们在做什么？

（2）师：他们在庆祝什么节日？

小结：图片里的人们在庆祝中国农历新年——春节。春节意味着新的一年开始了，也意味着春天要来了。过年之前，人们会准备许多年货，包括吃的、穿的、用的。过年的时候，一家人一起吃团圆饭、包饺子、看《春节联欢晚会》的节目、放鞭炮、互相拜年，过年真热闹！

（二）基本环节

1. 播放故事视频《年的来历》，了解年的来历。

（1）师：在很久以前，新年是人们最害怕的日子。你们知道这是为什么吗？

（2）师：年兽怕什么？

（3）师：老爷爷用什么办法打败了年兽？

小结：因为怪兽“年”最害怕红色、火光和响声，所以老爷爷用穿红衣服、贴红对联、挂红灯笼、燃放爆竹的方法将年兽吓跑了。从此以后，每到过年的时候，人们都会穿上红衣服，家家户户在大门口贴上红对联和红“福”字，晚上还要燃放爆竹、挂上红红的灯笼（图 2-36）。一家人团聚在一起，吃着团圆饭，一起守岁，平平安安地度过除夕之夜，期盼新的一年万事如意、阖家欢乐。过年的风俗就由此而来。

图 2-36

2. 引导幼儿根据生活经验讲述过年的庆祝活动。

师：过年的庆祝活动越来越丰富，越来越热闹。小朋友们，你们知道过年时都有哪些庆祝活动吗？

小结：过年的时候，有各种好吃的、好看的、好玩的活动。人们会一起看《春节联欢晚会》的节目，一起吃年夜饭，一起燃放鞭炮和烟花，互相拜年，说一些祝福的话。

（三）结束环节

师：过年的时候，人们见面会互相拜年，说祝福语。现在，请你和你身边的同伴说一说祝福语吧！

活动延伸

区域活动时，引导幼儿制作新年祝福卡片送给家人、同伴和教师。

活动反思

本次活动中，教师引导幼儿观看春节的图片及故事视频《年的来历》，让幼儿了解和感受我国春节的由来及过年的习俗，并结合自己的理解与同伴进行交流，大胆讲述自己的想法，感受过年的气氛。最后环节，幼儿与同伴互相祝福，让幼儿对新的一年充满期待，感受同伴间美好的祝福和情谊。

活动二　艺术领域：欢乐过新年（小班）

教师：徐雅婷

活动目标

1. 欣赏新年歌曲的欢快节奏并愿意用舞蹈动作进行表现。
2. 愿意用乐器为歌曲《新年好》伴奏。
3. 愿意积极参与活动，感受新年节日的快乐。

活动重点

能完整地表演新年舞蹈。

活动难点

能够大胆地表现与展示自己。

活动准备

1. 经验准备：幼儿已经学会《新年好》的儿歌。

2. 物质准备：音响设备、彩带、春联、手工鞭炮、各种乐器（如响板、沙锤、打棒、三角铁等）、音乐《新年好》。

活动过程

（一）导入环节

师：孩子们，你们想怎么庆祝新年呢？

师：在家里，和家人一起庆祝新年的时候，会观看什么呢？

师：你们想不想也举办一场属于自己的新年欢庆会呢？新年欢庆会上，你们打算表演什么节目？

师：那么，接下来，就让我们一起用学会的新年歌曲欢庆新年吧！

（二）基本环节

1. 跟随音乐《新年好》进行表演，共同庆祝新年。

师：下面，跟随《新年好》的音乐，一起庆祝新年吧！

幼儿听音乐，与教师共同创编《新年好》的舞蹈动作。教师帮助幼儿整理创编的舞蹈动作并与幼儿共同表演。

师：小朋友们表演得真好！谁来说一说，自己做舞蹈动作的时候有什么感受？

小结：有的小朋友说很开心，有的小朋友说希望好朋友能看到自己的表演，有的小朋友觉得这么庆祝新年真是太好了！我们唱歌、跳舞都是为了表达自己快乐的情绪，也是为了展示我们的才艺。

2. 用乐器为音乐《新年好》进行伴奏，感受欢快的节日气氛。

师：接下来，我们用乐器给音乐《新年好》进行伴奏（图 2-37）。

图 2-37

教师播放音乐《新年好》。幼儿自主选择乐器，配合音乐的节奏型进行伴奏，感受节奏的欢快与热烈。

小结：小朋友们都学会了为简单的音乐节奏型伴奏，我们共同感受新年欢快而热烈的节日气氛。

（三）结束环节

师：小朋友们，这是中国人民大学幼儿园陪伴你们度过的第一个新年，也是幼儿园丰富多彩生活的开始，让我们一起拥抱快乐，感受幸福与美好，迎接更多、更有趣的活动吧！

活动延伸

教师引导幼儿学唱更多的新年歌曲，让幼儿回到家里为爸爸、妈妈表演，共同感受新年的快乐。

师：小朋友们今天进行了表演，不仅展示了自己，也感受到新年活动的快乐。下次活动时，我们会学唱更多的新年歌曲，在爸爸、妈妈面前展示自己，好不好？

活动反思

孩子们通过本次活动感受到新年愉快的气氛，愿意和朋友、家人一起用歌舞表演的方式庆祝新年、分享快乐，能在集体面前大胆地展现自己的才艺，知道新的一年来到了，自己会有更大的进步。

活动三　艺术领域：感恩有你（小班）

教师：刘小翠

活动目标

1. 初步理解感恩的意义。
2. 用多种形式表达自己的感恩之心。
3. 体验人们互相关心、照顾的美好情感。

活动重点

用不同的形式表达自己的感恩之心。

活动难点

能用语言完整地表达自己想要感恩的内容。

活动准备

1. 经验准备：幼儿有被人关心的体验。

2. 物质准备：手偶、故事《新年到》、图片、音乐《让爱住我家》、PPT 课件《感恩有你》。

活动过程

（一）导入环节

教师边讲故事《新年到》边进行手偶表演，引导幼儿观看，激发幼儿参与活动的兴趣。

师：长颈鹿发生了什么事情？小猴发现后，又是怎么做的？

（二）基本环节

1. 教师播放 PPT 课件《感恩有你》，依次出示幼儿互相帮助的情景图片，引导幼儿欣赏。

师：你看到了什么？谁在帮助他？

2. 经验迁移，鼓励幼儿大胆讲述。

师：谁帮助了你？你想怎么感谢他？

3. 鼓励幼儿用多种形式表达对别人的感谢（图 2-38）。

师：你想用什么方法感谢帮助过你的人？大胆地试试吧！

幼：我要给奶奶捶捶背（图 2-39）。

幼：我要给爸爸拿拖鞋。

图 2-38

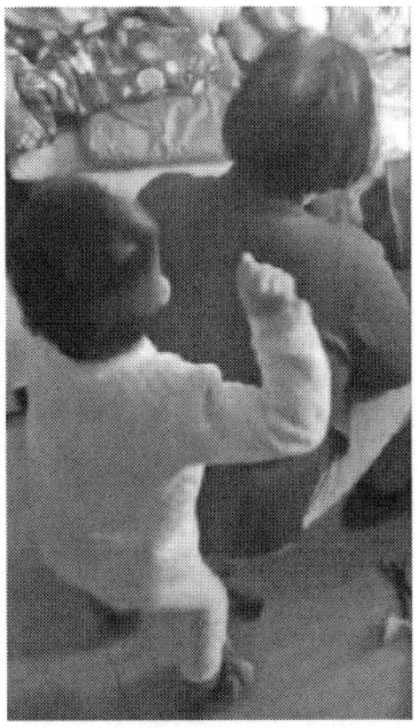

图 2-39

4. 手指谣《让爱住我家》。

教师播放音乐《让爱住我家》，引导幼儿跟随教师的示范动作，进行手指谣表演，理解歌词内容，共同感受家庭的温暖。

师：让我们一起跟随音乐《让爱住我家》，进行手指谣的表演吧！

（三）结束环节

师：让我们向爱我们、帮助过我们的人大胆地表示感谢吧！

活动延伸

教师可以用拍照或录制视频的方式记录幼儿大胆表示感谢的过程，投放到娃娃家或语言区，引导幼儿与同伴分享并讲述。

活动反思

记得有句话叫“吃水不忘挖井人”，感恩帮助过我们的人是我们中华民族的传统美德。本次活动帮助幼儿观察并发现身边的人给予自己的照顾和帮助，用自己喜欢的方式表达对别人的感谢。将感恩的种子撒播在孩子们幼小的心灵里，帮助他们用感恩的心对待身边的人，体验被人帮助的快乐，并受到潜移默化的影响，逐渐养成帮助别人的优秀品质。

活动四 语言领域：我长大了（中班）

教师：孟思源

活动目标

1. 知道自己过年后又长大一岁，能大胆地说出自己学到的本领。
2. 能自己的事情自己做，并愿意帮助别人。
3. 感受自己一年来的成长与变化，体验长大的快乐。

活动重点

知道自己长大了，能大胆地说出自己学会的本领，能自己的事情自己做。

活动难点

能帮助他人做事情，愿意互帮互助。

活动准备

1. 经验准备：知道一年中自己学到了很多本领。
2. 物质准备：幼儿小时候和现在的照片、幼儿自己的事情自己做及帮助他人做事情的照片。

活动过程

（一）导入环节

教师出示幼儿小时候和现在的照片，激发幼儿参与活动的兴趣。

师：这是谁？他有什么变化？你从哪里看出来的？

小结：我们发现我们的身体、衣服和小时候都不一样了。过年后，我们又长大了一岁。我们在慢慢地长大。

（二）基本环节

1. 引导幼儿感受自己长大了。

（1）出示幼儿自己的事情自己做的图片，请幼儿说说自己这一年的变化。

师：在这一年里，你们都有哪些变化？长大后的你，有哪些表现？你都学会了哪些本领？

小结：小朋友们在一天一天地长大，学会了许多本领，养成了许多好习惯，学会了关心别人，这些都说明你们在长大，是长大的表现。

（2）引导幼儿展示自己学到的本领。

师：小朋友们刚才说了自己这一年的变化，快来展示一下你们学到的本领吧！

幼：我会叠衣服（图 2-40）。

图 2-40

幼：我会穿、脱衣服。

幼：我会自己吃饭了。

2. 出示幼儿帮助他人做事情的图片，引导幼儿之间互帮互助。

师：你们除了自己的事情自己做，还可以帮助他人做哪些事情呢？

小结：我们可以帮助小伙伴检查毛巾、水杯是否摆放整齐，帮助小伙伴分餐具、发残渣盘、扫地、擦桌子。在这一年里，我们不仅学会了自己的事情自己做，还学会了帮助别人。小朋友们真能干，快给自己鼓鼓掌吧！

（三）结束环节

小结：过年了，我们又长大了一岁。老师也看到了每个小朋友的变化，非常高兴！你们不仅能自己的事情自己做，而且还能帮助别人。成长的过程中充满了喜悦，希望你们在今后的日子里学会更多的本领。

活动延伸

1. 日常生活：为幼儿创造机会并引导幼儿自己的事情自己做。

2. 家园共育：引导幼儿自己的事情自己做，也可以帮助爸爸、妈妈做一些力所能及的事情。

活动反思

在本次活动中，教师从幼儿的实际发展情况出发，引导幼儿通过对比、观察自己小时候和现在的照片，发现自己长大了，能大胆地说出自己的本领并进行展示，激发了幼儿参与活动的兴趣，感受到成长的快乐。

活动五　语言领域：《小孩、小孩你别馋》（中班）

教师：徐　澍

活动目标

1. 萌发对过年的向往和期待。
2. 简单了解过年的各种风俗活动。
3. 学习儿歌《小孩、小孩你别馋》。

活动重点

能在同伴面前大胆地学唱儿歌。

活动难点

通过儿歌知道过年之前需要做哪些准备。

活动准备

1. 经验准备：知道过年前做哪些准备（如购买年货、打扫屋子等）。
2. 物质准备：儿歌音频《小孩、小孩你别馋》、动画视频《春节》。

活动过程

（一）导入环节：谈话导入

结合幼儿已有经验，引导幼儿讨论过年之前要做哪些准备。

师：要过年了，家里有没有哪里不一样了？

师：你们知道过年还要准备哪些物品吗？

师：需要做哪些事情呢？

（二）基本环节：看视频，唱儿歌

1. 播放动画视频《春节》，引导幼儿初步感知儿歌内容。

师：小朋友们看看这个视频，请你们猜猜儿歌说的是什么时候的事情？

2. 播放儿歌音频《小孩、小孩你别馋》，引导幼儿理解儿歌内容。

师：儿歌里的人们在过年前需要做哪些事情呢？

师：请你们试着用儿歌里的话说一说。

师：二十三做什么？二十四做什么？

师：什么时候扫房子？什么时候冻豆腐？

3. 播放儿歌音频《小孩、小孩你别馋》，鼓励幼儿跟着音频学唱儿歌。

（三）结束环节：演一演

1. 播放动画视频《春节》，引导幼儿简单了解过年的各种风俗活动。

师：过年时，会有哪些有趣的事儿呢？

师：过年的时候，可以做这么多好玩的事情，吃这么多好吃的东西，你们想不想快点儿过年呢？

2. 根据儿歌《小孩、小孩你别馋》的内容创编相应的肢体动作并表演，熟悉儿歌内容。

附儿歌：

小孩、小孩你别馋

小孩、小孩你别馋，
过了腊八就是年。
腊八粥，喝几天，
哩哩啦啦二十三。
二十三，糖瓜粘；
二十四，扫房子；
二十五，冻豆腐；
二十六，去买肉；
二十七，宰公鸡；
二十八，把面发；
二十九，蒸馒头；
三十晚上熬一宿；
初一、初二满街走，满街走。

活动延伸

在图书区投放有关春节的绘本，引导幼儿阅读，进一步了解有关春节的风俗习惯，丰富相关知识和经验。

活动反思

本次活动中，孩子们参与度很高。教师运用赋有童趣的语言、借助肢体动作进行表演，激发了幼儿对儿歌的兴趣。幼儿通过学唱儿歌进一步了解了一些过年的习俗，而肢体动作表演也让他们加深了对儿歌的理解。最终，孩子们自然而然地完成了教学目标。

活动六　艺术领域：制作灯笼（中班）

教师：刘　莹

活动目标

1. 了解制作灯笼所需的材料及步骤。

2. 尝试自己动手用各种材料制作灯笼。

3. 感受过年时挂灯笼的喜庆气氛，喜欢手工制作灯笼，借此表达迎新春的喜悦之情。

活动重点

会自主选择喜欢的灯笼，并愿意尝试制作。

活动难点

了解不同的材料，能运用各种材料制作灯笼，知道制作步骤是什么。

活动准备

1. 经验准备：见过各种各样的灯笼，知道过年时需要挂灯笼。

2. 物质准备：挂红灯笼的图片、灯笼图片、长条彩纸、圆形红纸、黄色灯笼穗、儿童专用安全剪刀、胶棒、黑卡纸、颜料、毛笔、气泡纸、红绳、手工制作视频《红灯笼》。

活动过程

（一）导入环节

1. 出示挂红灯笼的图片，引导幼儿回忆已有经验，感受过年的喜庆气氛。

师：快要过年啦！我们要一起装扮教室，该准备哪些装饰品呢？

2. 引导幼儿观察灯笼的图片，了解其基本特征。

师：你们见过灯笼吗？

师：灯笼是什么颜色的？灯笼上都有哪些图案？

小结：中国人在过新年时，家家户户都喜欢挂上红灯笼。灯笼很美丽，也很喜庆。下面，我们就一起制作红灯笼来装饰活动室吧！

（二）基本环节

1. 播放手工制作视频《红灯笼》，初步了解红灯笼的制作过程。

2. 出示各种制作灯笼的材料，引导幼儿选择制作红灯笼所需的材料。

师：好看的红灯笼是用什么做的？

师：有立体红灯笼、气泡纸灯笼、折纸灯笼，你想选哪种灯笼进行制作呢？

师：这些材料和工具应该怎么使用？

幼儿用剪刀将纸剪好，再用胶棒粘贴。

3. 教师讲解并示范制作灯笼的方法。

（1）制作立体灯笼要把圆形纸片用胶棒粘在底板纸上，一层一层地叠加粘贴，再加上灯笼下面的挂穗就可以了。

（2）制作气泡纸灯笼要将气泡纸剪成圆形，再涂上红颜色，晾干。然后，用胶棒把它粘在底板纸上，再进行装饰，就可以了。

（3）折纸灯笼就是将长条彩色纸一正一反折成小扇子的形状，然后粘贴在底板纸上，再加上装饰物，就可以了。

（三）结束环节

1. 教师分组指导幼儿制作灯笼，并引导幼儿与同伴分享自己制作的灯笼。

（1）幼儿向同伴介绍自己制作的灯笼名称及使用的材料。

（2）幼儿之间互相欣赏对方的作品。

2. 布置展台，挂上幼儿自制的灯笼，将教室装扮得喜庆而美丽。

活动延伸

师：今天，小朋友们都学会了制作灯笼。回家后，向爸爸、妈妈介绍一下制作灯笼的方法吧！一起看一看，还有哪些制作灯笼的方法呢？学会之后，再与同伴分享吧！

活动反思

本次活动过程中，孩子们通过多种材料手工制作灯笼，体验到了手工制作的乐趣，感受到了浓浓的节日气氛。教师要为幼儿提供更多的材料，为他们的艺术创作提供充分的支持。

活动七　语言领域：新年送祝福（中班）

教师：殷莉闵

活动目标

1. 知道新年向他人送上祝福时，要说出相应的新年祝福语。

2. 能通过绘画、手工的艺术表现形式选择不同的材料制作礼物，表达自己对同伴、亲人、教师的美好祝愿。

3. 激发关心他人的情感，体验过年时人们相互关心的美好情感。

活动重点

讨论并确定自己想要祝福的对象，说出相应的祝福语。

活动难点

能把自己的祝福通过绘画、手工制作的艺术形式表现出来，并用相应的祝福语送出自己的美好祝愿。

活动准备

1. 经验准备：已对春节的来历、习俗有所了解；知道一些简单的新年祝福语；有手工制作贺卡、红包等物品的经验。

2. 物质准备：音乐《新年好》、彩色卡纸、各种装饰材料、胶棒、双面胶、油画棒、水彩笔、剪刀等。

活动过程

（一）导入环节

教师播放音乐《新年好》，引导幼儿律动进入活动室。

（二）基本环节

1. 师幼谈话、讨论。

（1）创设谈话情境，引出话题。

师：马上就要过新年了。过年的时候，大家为了表达问候与祝福，通常会互送礼物。小朋友们，你们收到过别人送的新年礼物吗？是谁送给你的？送你礼物的时候，他说了什么话？你有没有给别人送过礼物呢？你把礼物送给谁了？请你仔细想一想，说给大家听一听。

幼儿分享相关内容。

（2）围绕话题，自由讨论。

师：原来你们身边有这么多关心你们的人，他们送给你们礼物，还送给你们祝福。你们知道除了爸爸、妈妈、爷爷、奶奶、姥爷、姥姥，还有谁在生活中一直陪伴着你们、爱护着你们、照顾着你们呢？

幼儿讨论并分享。

（3）引导幼儿拓展谈话内容。

师：小朋友们太棒了！你们发现了这么多一直默默关心、照顾你们的人，还有你的好朋友、幼儿园的老师、食堂做饭的叔叔和阿姨、保洁阿姨、保安叔叔。你们最想把自己的新年祝福送给谁呢？对不同的人，要说哪些关心的话、祝福的话呢？你们想制作什么礼物送给他（她）呢？

幼儿分组讨论。教师参与小组讨论，及时鼓励积极发言的幼儿，同时提醒幼儿要给只听不说的小朋友说话的机会。幼儿讨论结束后，请几名幼儿将自己在小组中的谈话在集体面前讲述一遍。

2. 制作礼物。

（1）师：小朋友们，你们都想好要给谁送出新年祝福了吗？也想好要说哪些祝福语了吗？现在，咱们就动手为你的祝福对象做一个小礼物，送给他吧！

（2）幼儿自选礼物的制作类型（如做贺卡、绘画、制作红包等），分组制作。

（3）教师巡回指导。

（三）结束环节

三位教师按照幼儿送祝福的对象给幼儿分组，分别带领三个小组的幼儿找到送礼物的对象并送出礼物，重点鼓励和引导幼儿在送礼物的同时，说出新年祝福语。

活动延伸

请幼儿回去对爸爸、妈妈、爷爷、奶奶、姥爷、姥姥以面对面、电话、视频等形式，分别送出新年祝福，鼓励幼儿对不同的人说出不同的祝福语。如“祝爸爸、妈妈新的一年工作顺利!”“祝爷爷、奶奶快快乐乐!”“祝姥爷、姥姥身体健康!”

活动反思

本次活动通过谈话导入调动幼儿已有生活经验，知道过年时要说祝福语，也可以送出新年礼物。在谈话的过程中，教师感受到春节是孩子们最喜欢的节日，他们谈话兴致很高，能够感知并说出身边关心自己的人都有谁，但对不同的人说哪些祝福的话有一定难度，幼儿大多会说“新年快乐”。教师着重在这方面引导幼儿，从对方身上找出一些特点，再组织语言创编一些祝福语。

活动八　艺术领域：甜甜的糖葫芦（中班）

教师：宋佳佳　于　阳

活动目标

1. 了解制作糖葫芦的步骤，学习做糖葫芦的技能。
2. 亲身体验制作糖葫芦的过程，锻炼动手能力。
3. 喜欢参与有关年俗的活动，在活动中体验成功的感觉。

活动重点

亲身体验制作糖葫芦的过程，锻炼动手能力。

活动难点

了解制作糖葫芦的步骤，学习做糖葫芦的技能。

活动准备

1. 经验准备：幼儿吃过糖葫芦，认识山楂和山药豆。

2. 物质准备：洗好的山楂、山药豆，切好的水果块，竹签，大小不同的盆、盘子、筐，去核儿工具，锅，白糖，案板等。

活动过程

（一）导入环节：分享调查表

师：之前，我们在家里开展了冰糖葫芦调研活动，填写了调查表。接下来，请小朋友们分享一下自己的调查结果。

师：制作冰糖葫芦的步骤有哪些？需要注意什么？

小结：制作冰糖葫芦时，首先，要挑选山楂和其他水果，把它们洗干净，再给山楂去核儿，把水果切成块，将山楂和水果块穿在竹签上，然后，给它们裹上一层熬好的糖浆，晾凉，冰糖葫芦就做好啦！

（二）基本环节

1. 去根和蒂

教师示范给山楂去根和蒂。教师一只手拿起一个山楂，另一只手去除山楂的根和蒂，注意保持山楂外形的完整，需要细心和耐心。

2. 洗山楂

幼儿分组清洗山楂，洗完后，把山楂晾干（图 2-41）。

图 2-41

3. 去核儿

教师拿工具帮助幼儿给山楂去核儿，也可以让幼儿自己尝试去掉山楂的核儿（图 2-42）。

4. 穿山楂

教师示范用竹签把山楂穿在一起，每根竹签（图 2-43）穿三颗山楂。幼儿动手操作。

图 2-42

图 2-43

5. 熬糖浆

家长作为助教，来园，帮助幼儿熬糖浆。

6. 蘸糖浆

把穿好的山楂在糖浆里转一圈儿，蘸满糖浆，放在案板上，晾凉（图 2-44），一串甜甜的糖葫芦就做好啦！

图 2-44

（三）结束环节

在庙会上，幼儿把穿好的糖葫芦整齐地摆放在一起，分享给来到班里的家长和其他小朋友；在制作组里，幼儿把喜欢吃的水果块用竹签穿在一起，再拿到熬糖组，给自己做的糖葫芦蘸糖浆，一串串糖葫芦展现在眼前。因为糖葫芦很受欢迎，班里很热闹，孩子们也很高兴。最后，忙碌了一上午的孩子们终于吃上了自己亲手制作的糖葫芦，他们开心极了！

活动延伸

孩子们意犹未尽，把制作糖葫芦的活动延伸到美工区，他们用红色的纸黏土代替山楂，做出了一串串糖葫芦。

活动反思

孩子们看着两大筐的山楂需要清洗，去根、去蒂、去核儿，觉得是件辛苦的事情，不想做。但是，当他们得知这么做是为制作糖葫芦做准备，既兴奋又忐忑，提出了疑问："这么多山楂，我们能做完吗？"孩子们带着这个疑问，开始认真地跟教师学习制作糖葫芦的方法，并和同伴探讨怎样才能不破坏山楂的外形，还能完整地去除山楂的根、蒂和核儿。为了能把这些山楂都处理好，孩子们自发地分组并开展了小组之间的比赛，暗自较劲儿。最终，在孩子们不懈的努力下，完成了所有山楂去根、蒂、核儿的任务。在此过程中，教师提供了多种工具，引导幼儿进行尝试，学会熟练地使用工具，找到更便捷的方法，看看怎样才能缩短给山楂去根、蒂、核儿的时间。

活动九　健康领域：美味年夜饭（中班）

教师：周　玮

活动目标

1. 了解年夜饭常见菜肴的营养价值。
2. 能按照荤素搭配的方法均衡饮食营养。
3. 愿意参加活动，体会吃年夜饭的热闹气氛。

活动重点

通过了解菜肴的营养价值，知道进餐时要荤素搭配。

活动难点

为年夜饭点菜时，能按照荤素搭配的原则点菜。

活动准备

1. 经验准备：幼儿了解部分菜品的营养价值。

2. 物质准备：PPT 课件（包括膳食营养金字塔和各种菜品的图片）、各种荤菜、素菜、主食和汤的图片，菜单，笔，橡皮泥，一次性纸盘，有关过年的热闹音乐,视频《美味年夜饭》。

活动过程

（一）导入环节

教师播放视频《美味年夜饭》并提问。

师：视频里的人们在干什么呢？这是什么时候？你们在过年的时候都吃过哪些美味的饭菜？

幼：饺子、鱼、牛肉、鸭肉、排骨等。

（二）基本环节

1. 介绍菜品。

教师播放 PPT 课件，以图片的形式展示菜品，引导幼儿说出各种菜的名称及这些菜都是由什么做的。

师：今天，老师带来了好多之前吃过的年夜饭图片，我们一起来看看吧！

师：我们刚刚看到了好多菜，那除了菜以外，还有什么会出现在桌子上，和菜一起吃呢？

幼：馒头、米饭、饺子等，还有平时喝的汤。

小结：用肉做成的菜叫作“荤菜”，用蔬菜做成的菜叫作“素菜”，用面和米做成的食物叫作“主食”，还有用不同的菜或肉加水煮的叫作“汤”。

2. 出示菜品图片，引导幼儿发现每次的餐食都是荤素搭配的。

（1）教师出示各种菜品的图片，包括荤菜、素菜、主食和汤，引导幼儿有序进行选择，选择自己平时最喜欢的菜品。

（2）幼儿用橡皮泥自制各式菜品（图 2-45）。幼儿选择不同的菜品，清点相应的人数，并在黑板上进行记录。

（3）教师提问，引导幼儿回答，了解应该荤素搭配着进餐，保证吃得有营养。

师：如果我只喜欢吃荤菜，那我只吃荤菜可以吗？

幼：不可以，必须每样都吃一点儿才行。

师：平时在幼儿园，我们每顿饭都会吃什么？

幼：会吃两个菜、主食，还有汤，每种都会吃一点儿。

小结：我们每样菜都需要吃一点儿，才能得到所有的营养。因为每种菜里面的营养是不一样的。

3. 观看视频，了解不同的食物里含有不同的营养物质。

（1）出示膳食营养金字塔图片，引导幼儿知道在日常生活中需要每种食物都吃一些，才能获取不同的营养物质。

（2）播放视频《美味年夜饭》，引导幼儿观看。

师：怎样才能吃到有营养的年夜饭呢？

小结：我们吃年夜饭的时候，要荤素搭配，汤和主食搭配着吃，才能吃得营养又健康。

4. 根据年夜饭菜单点菜。

（1）介绍年夜饭菜单。

菜单分为四个部分，分别为荤菜、素菜、主食和汤。

（2）幼儿自由分组，每组分别点菜。

提供给每组幼儿相应的菜单和笔，每组六个小朋友，最多点六个菜，注意荤素搭配（图 2-46）。

图 2-45

图 2-46

(3) 小组之间通过讨论自行选择菜品。

一起查看小组选好的菜单，是否按照荤素搭配、有主食、有汤的原则点的菜。

(三) 结束环节

游戏环节：看看我的年夜饭。

师：请小朋友们按照荤素搭配的原则去桌子上寻找喜欢吃的菜。每个小朋友最多拿四个菜，要注意荤素搭配、主食和汤搭配。

活动延伸

家庭聚餐的时候，幼儿可以帮助大人点菜，注意荤素搭配和营养均衡。

活动反思

我们班有部分幼儿有挑食的现象，他们不喜欢吃绿色蔬菜，饭吃得也很少，在家里也是这样。通过这次活动，有的孩子有了转变，开始吃蔬菜了，并且还一口菜、一口饭吃得很好。在今后的日子里，教师在幼儿进餐时还要适当提醒，以表扬、鼓励的方式引导幼儿养成不挑食的好习惯。

活动十　语言领域：看图猜古诗（大班）

教师：王玉玥

活动目标

1. 知道古诗可以用拍照、画图等多种方式进行表达。
2. 能根据图片内容猜出相应的诗句。
3. 喜欢参与看图猜古诗的活动，感受古诗的文字美和意境美。

活动重点

能根据图片内容猜出相应的诗句。

活动难点

喜欢参与看图猜古诗的活动，感受古诗的文字美和意境美。

活动准备

1. 经验准备：会说一些古诗。

2. 物质准备：诗句内容图片、古诗词图片。

活动过程

（一）导入环节

发出古诗大赛邀请。

师：小朋友们，马上就要过新年了。森林王国要举办一场古诗大赛。小动物们听说小朋友们学会了很多古诗，想要考考咱们小朋友是不是真的掌握了很多的古诗词。于是，它们向你们发出了古诗大赛的邀请。你们准备好迎接挑战了吗？

（二）基本环节

1. 第一关：分别说出带有“花”“月”“鸟”“秋”“风”等的古诗词句子。

2. 第二关：提供多张诗句内容图片，猜出其中一句古诗即得分。

师：图片表达的是一首古诗中的一句。请小朋友们认真观察图片，猜出相应的诗句，就可以得分。

3. 第三关：根据古诗词图片描述的内容，说出相应的古诗。

（1）引导幼儿观察古诗词图片，根据图片表达的意思，猜出相应的古诗。

师：请小朋友们认真观察，说一说，图片描述了一幅什么样的景象？

师：图片中的诗人抬头望着天上的月亮，表情有点忧伤，好像在思念着谁，桌子上放着一壶酒，你能猜出这是哪首古诗吗？

（2）观察古诗词图片，讲述图片内容。

师：你从这幅图片中看到了什么？

师：一位母亲坐在椅子上，一针一线地缝补着旧衣服，看起来十分用心。这些都是对孩子满满的爱。你们想出这是哪首古诗了吗？

（三）结束环节

师：今天的挑战到此结束。小朋友们比我想象得还要厉害！小动物们还说要向你们多多学习，掌握更多的古诗。当然，你们也不要骄傲、懈怠。下次古诗大赛，它们还会向你们发出邀请的！

活动延伸

1. 语言区：提供古诗词相关图卡，引导幼儿根据图卡内容说出相应的古诗。

2. 美工区：鼓励幼儿尝试根据古诗或诗句内容进行想象并绘画。

活动反思

本次活动选择的内容是幼儿生活中较为熟悉的古诗。由于幼儿平时在家里或幼儿园常常听古诗、诵古诗，积累了一些古诗词。教师以看图猜古诗的游戏形式，引导幼儿参与，对幼儿来说更具挑战性，孩子们对此也很感兴趣。活动过程中，大家踊跃举手、积极参与。教师注意照顾一下平时不爱表现自己或举手较慢的幼儿，多给他们提供展示自己的机会。

活动十一　艺术领域：写“福”字（大班）

教师：王乐怡

活动目标

1. 阅读绘本故事，知道“福”字的来历。

2. 能通过绘画或手工等不同艺术表现形式选择不同的材料制作“福”字。

3. 感受新年的节日气氛，加深对中华传统文化的了解，体验人们相互关心的美好情感。

活动重点

了解“福”字的来历，能够用多种艺术表现形式制作“福”字。

活动难点

能借助多种材料用不同的艺术表现形式制作“福”字，感受中华传统文化的博大精深。

活动准备

1. 经验准备：了解“福”字的笔顺及书写方式。

2. 物质准备：《贴“福”字的来历》绘本、各种书法字体的“福”字图片、宣纸、毛笔、轻型纸黏土等。

活动过程

（一）导入环节：绘本导入

引导幼儿阅读绘本《贴“福”字的来历》，提出问题。

师：小朋友们，为什么穷神能管的地方少得可怜？

师：你们都在哪里看到过“福”字？

师：你看到的“福”字都是怎么贴的呢？

小结：通过阅读绘本，小朋友们了解了“福”字的来历。春节贴“福”字是我国民间由来已久的风俗。“福”字在中国也不是一般的字，它包括了一切好事，丰衣足食、富贵兴旺、健康幸福、和谐美满等。平时，人们把这些美好的愿望都放在心里。等到过春节的时候，人们就会把心中的美好愿望化作一个“福”字，端端正正地写在大红纸上，贴在最显眼的地方。

（二）基本环节：欣赏不同的“福”字

1. 介绍“天下第一福”。

师：有一个“福”字，现在就藏在北京恭王府后花园的假山之中，这个福字号称“天下第一福”。“福”字中不仅有“福”，还有“多子、多才、多寿、多田”的含义，是古往今来、独一无二、五福合一的“福”字。

2. 欣赏不同书法字体的“福”字，与同伴共同讨论喜欢哪一种书法字体写的“福”字。

（三）结束环节：写“福”字

引导幼儿动手写“福”字。

师：每到春节，人们都会在红纸上写“福”字，在大门、墙壁、窗户上贴“福”字，它寄托了人们对幸福生活的美好向往。今天，咱们也试着写一写“福”字吧！

活动延伸

师：小朋友们在生活中注意观察人们贴的“福”字有什么不同。也可以和好朋友互相交换自己写的“福”字。

活动反思

在本次活动中，教师引导幼儿欣赏身边不同的“福”字，观察“福”字的不同写法和字体的区别，了解“福”字的独特含义和所带来的新年节日氛围。教师应提供更多的材料和创意，鼓励幼儿用多种方式制作“福”字，给幼儿更多观察的时间，放手让幼儿去发现、去交流，多多了解有关春节的传统文化及习俗。

活动十二　艺术领域：《金蛇狂舞》（大班）

教师：沈晓宇

活动目标

1. 结合舞龙等传统民俗活动，感受乐曲结构，品味其激昂、欢快的乐曲风格。

2. 在教师动作的提示下，敢于用敲锣打鼓、舞龙等动作积极表现欢快、热闹的乐曲风格。

3. 在韵律活动中，进一步感受庙会习俗，喜爱中华民族传统文化。

活动重点

结合乐曲风格感受并体验庙会舞龙习俗，喜爱中华民族传统文化。

活动难点

能够伴随乐曲旋律，用敲锣打鼓、舞龙等动作进行表现。

活动准备

1. 经验准备：看过《舞龙》的视频，熟悉儿歌内容，有舞龙的经验，会做一些简单的肢体动作。

2. 物质准备：音频《金蛇狂舞》，视频《舞龙》（网络搜索），鼓、鼓槌，师幼自制的龙头、龙尾、龙珠道具。

活动过程

（一）欣赏乐曲

1. 初次完整地欣赏乐曲《金蛇狂舞》，鼓励幼儿自由表达对乐曲《金蛇狂舞》的感受。

教师：欣赏完乐曲后，你有什么感受？想做哪些事情？

2. 引导幼儿带着问题，再次完整地欣赏乐曲，感受乐曲的结构和风格。

教师：这首乐曲是快快的，还是慢慢的？快的时候，可以用什么动作来表现？慢的时候，可以用什么动作来表现？

（二）创编舞龙动作

1. 出示鼓、鼓槌、龙头、龙尾和龙珠道具，激发幼儿参与活动的兴趣。

教师：老师这里有一些材料，是什么时候用的？我们之前舞龙的时候，跟着音乐做了哪些动作？

请个别幼儿表达，引导其迁移已有经验，并在集体面前进行动作展示。

2. 借助视频《舞龙》，师幼随着音乐总结舞龙的动作经验，尝试用动作表现龙的舞动和敲锣打鼓。

（1）完整欣赏《舞龙》的视频，进一步感受欢快、喜庆的节日气氛，再次熟悉相关动作。

（2）幼儿模仿视频中舞龙的动作，听音乐，敢于大胆地、有创造性地表现舞龙时身体的扭动和上下左右的起伏。

①在座位上用上肢动作自由表现龙的舞动。

②站在座位前，上身随音乐做舞龙的动作。

③组成两个舞龙队，在举龙珠人的带领下，边行进边舞龙，注意与前面的幼儿保持一定的距离，避免发生碰撞。

（三）感受庙会习俗的有趣

1. 幼儿原地站立，运用舞龙材料，听音乐，完整地游戏。

（1）教师引导幼儿分为两个舞龙队，听 A 段音乐时表现舞龙，听 B 段音乐时边念儿歌边敲锣打鼓。

（2）在音乐结束时，教师随着音乐说："咚咚锵。"接着，幼儿回应："咚咚咚咚咚锵。"（节奏型）并在说最后一个"锵"字时，双手高举过头，做举起龙头的动作。

2. 教师根据幼儿游戏情况，鼓励幼儿尝试跟随音乐以行进舞龙的方式完整地游戏。

听 A 段音乐时，边行进边舞龙。听 B 段音乐，待音乐结束时，应原地站好，边念儿歌边做举起龙头的动作。

活动延伸

幼儿可以利用户外运动区或操场继续玩舞龙的游戏，并尝试两组队列穿插行进。在幼儿园举办大型活动时，幼儿可以进行舞龙表演，继续弘扬、传承民族传统文化。

活动反思

本次音乐活动重点是引导幼儿边倾听音乐边感受音乐旋律，能借助肢体动作和舞龙材料随乐进行舞龙表演，进一步体验庙会舞龙的习俗，进而激发幼儿对民族传统文化的喜爱，产生民族自豪感。

活动十三　艺术领域：扭秧歌（大班）

教师：聂会会

活动目标

1. 了解什么是秧歌，知道扭秧歌是我国民间舞蹈艺术的一种。

2. 学习秧歌基本舞步“十字步”和手部动作，并运用舞步跟随音乐扭秧歌。

3. 欣赏音乐《锣鼓喧天》，感受扭秧歌的热闹气氛和扭秧歌的快乐。

活动重点

知道扭秧歌是我国民间舞蹈艺术的一种，初步学会跳“十字步”。

活动难点

在掌握“十字步”基本舞步的基础上，增加手部动作进行表现。

活动准备

1. 经验准备：幼儿音乐节奏感强，肢体动作协调。

2. 物质准备：音乐《锣鼓喧天》、秧歌舞蹈视频《锣鼓喧天》、大红手绢、秧歌“十字步”分解图。

活动过程

（一）导入环节

以谈话的形式引出主题，激发幼儿参与活动的兴趣。

师：你们知道什么是秧歌吗？

师：你们见过扭秧歌吗？它和我们平时的舞蹈有什么不同？

小结：扭秧歌是一种民间喜闻乐见的传统舞蹈，特别是我国北方春节期间，老百姓在庙会上都喜欢通过扭秧歌来表现节日欢快、喜庆的气氛，是春节习俗之一。扭秧歌的音乐欢快、激昂，舞步独特，具有大众化和代表性。它和平时我们的舞蹈有很大区别，可以单人扭、双人扭、多人扭。

（二）基本环节

1. 听音乐《锣鼓喧天》，感受音乐节奏，体会音乐带来的喜庆气氛，了解秧歌欢快、奔放、淳朴、热情的特点。

2. 欣赏秧歌舞蹈视频《锣鼓喧天》，初步了解秧歌“十字步”基本舞步的特点，感受扭秧歌的热闹场面。

3. 初步探索秧歌的基本舞步“十字步”，出示秧歌“十字步”分解图，分别在田字格里以从上到下、从左到右的方向标注“2、1、3、4”，先出左脚，后出右脚，左脚站在“1、3”格里，右脚站在“2、4”格里。

4. 教师进行动作示范，帮助幼儿在理解“十字步”的基础上尝试模仿迈出“十字步”。

5. 在墙上粘贴秧歌“十字步”分解图，教师以手代脚的方式带领幼儿完整地“迈”出“十字步”。

6. 请已经掌握“十字步”的幼儿逐一进行慢动作展示，引导其他幼儿观察并学习。

小结：扭秧歌和我们平时看到的舞蹈都不一样，它需要我们的脚先进行交叉再回正，顺序依次是“左 1、右 2、左 3、右 4”，反复进行基本舞步动作练习。

7. 教师带领幼儿在熟练掌握“十字步”的基础上，将手在身体两侧摆起来，初步学习扭秧歌时的手部动作，逐渐加大、加快动作幅度。

8. 慢动作分解，引导幼儿初步尝试手脚配合地扭秧歌，反复练习，加深动作记忆，逐渐加快速度，感受上、下肢的协调与配合。

9. 教师带领幼儿完整地做扭秧歌的动作，引导幼儿上、下肢互相配合，自然地练习动作。

10. 播放音乐《锣鼓喧天》，尝试带领幼儿进行扭秧歌的完整表演。

（三）结束环节

小结：新年的时候，一些地区的人们为了表达高兴的心情，会通过敲锣打鼓、扭秧歌的方式来庆祝新年。我们经过努力练习，也学会了扭秧歌这种新的庆祝方式。你们能用自己的方式把我国的民间传统舞蹈“扭秧歌”展示出来，太棒了！希望你们能继续把我国的民间艺术传承下去。

活动延伸

1. 表演区：引导幼儿创编好看的秧歌动作，进行表演。

师：相信小朋友们的秧歌一定会扭得越来越好！在表演区里，希望大家能积极表现。小朋友们也可以自己创编好看的秧歌动作，进行表演。

2. 家园共育。

师：小朋友们回家后，可以带着爸爸、妈妈进行扭秧歌表演，也可以录制视频，和班里的小朋友一起分享哦！

活动反思

幼儿在本次活动中兴趣高涨，表现出强烈的求知欲。教师可以利用幼儿这种积极探索的精神，鼓励幼儿把我国的民间传统舞蹈“扭秧歌”用自己的方式展示出来。同时，也可以带领幼儿感受不同地区迎新年、庆新年的不同方式。部分幼儿掌握扭秧歌的动作较慢，表现出急躁的情绪。教师应及时关注并安抚幼儿情绪，引导幼儿慢慢来，不要着急，以免出现因为沮丧而放弃参与活动的情况。

第三章　元宵节

元宵节又称“上元节”“灯节”，是我国传统节日之一，民间素有“正月十五闹元宵”的习俗，包括赏花灯、猜灯谜、放烟花等活动。幼儿园通过开展园级大型活动和班级主题活动，使幼儿在元宵节活动中习得相关知识和经验，了解“元宵节”的内涵。

幼儿园开展了“人大萌娃闹元宵”大型活动及相关系列主题活动，通过调查、参观、体验、表达、分享等不同形式，让幼儿感受元宵节的意义及其传统民俗活动，进一步获得有关这一节日多方面的知识与经验，培养幼儿自信、友爱、善良、机智、勇敢、感恩等传统美德。

第一节　园级活动

一、活动背景

幼儿园设计了“人大萌娃闹元宵”的大型园级活动，希望幼儿通过主动参与，体验元宵节热闹、喜庆的节日气氛，积累更多有关传统节日的知识和经验，激发幼儿对中华传统节日的兴趣，初步了解元宵节这一传统节日的风俗习惯，培养幼儿友爱、善良、机智、勇敢等传统美德。

二、活动目标

（一）通过活动了解元宵节的来历、风俗习惯等，积累相关经验。

（二）通过制作花灯，锻炼手工制作能力，了解废物再利用的意义。

（三）积极参与“人大萌娃闹元宵”的前期筹备和庆祝活动，在和教师、同伴一起过节的活动中，进一步感受团圆的意义。

三、活动准备

（一）环境创设

地点	内　　容	时间	负责人
幼儿园门口	呈现各班幼儿学习并了解“元宵节”来历、风俗习惯、美食文化等节日内容的过程性展板	准备阶段	各班班长
一层、二层楼道、操场中心及周边位置	将全园“花灯汇”活动所需灯笼进行展示，小班组在一层楼道展示，中班组在二层楼道展示，大班组及教师组在操场中心及周边位置展示		一层：保安 二层：保安 操场：全体教师
操场中心	创设“人大萌娃闹元宵”的活动主题展示区		班长、教师

（二）物料准备

糯米面、元宵馅、自制花灯、购置成品花灯、谜语、奖励小玩具、礼物等。

（三）安全措施

1. 制作元宵节游园路线示意图及活动宣传海报。

2. 安全标识提示：安全上下楼梯的标识、“请勿拥挤”提示牌及行进路线指示牌。

3. 设置安全员：设置教学楼一层、二层及操场安全员，随时巡视检查，遇到问题，及时处理。

四、活动内容

（一）赏花灯

赏花灯是元宵节传统的庆祝活动之一，为了让幼儿更好地感受元宵节这一传统节日喜庆而热闹的气氛，引导幼儿变废为宝，通过动手制作花灯，培养幼儿的动手能力及审美、表现能力。在“萌娃赏花灯”环节，家长与幼儿回顾制作“花灯”的过程，不仅可以增进亲子之间的感情，而且可以增多家长与幼儿互动的机会，促进亲子关系和谐发展。

（二）猜灯谜

元宵节观灯猜谜的习俗自古有之，它展现了古代劳动人民的聪明才智，同时，还表达了他们对美好生活的向往。本次活动也加入了“萌娃猜灯谜”的环节，让幼儿和家长在赏花灯的同时，增添了更多的乐趣。

（三）吃元宵

宋代就流行元宵节吃元宵的风俗，当时称其为“浮元子”，后人称其为“元宵”，又称“汤圆”。本次“萌娃吃元宵”环节中的元宵由幼儿亲手制作，让他们在感受节日美食文化的同时，分享节日的快乐。天上明月，碗里元宵，象征着团圆与吉祥，也表达了人大幼儿园祝全体幼儿、教师、家长“阖家团圆”的美意。

（四）舞龙、舞狮

龙是炎黄子孙的象征，是中国人心中神圣的形象，代表着吉祥、尊贵、勇猛、向上的民族精神，也是我们人大幼儿园的吉祥物之一。舞龙、舞狮表演是广为流传的民间艺术活动，深受孩子们的喜爱。在幼儿园的操场上，经常能看到孩子们模仿着舞龙、舞狮的动作跑来跑去，并且乐此不疲。为了满足幼儿对这种传统民间艺术形式的喜好和兴趣，教师在“庆元宵”活动中，将舞龙和舞狮表演作为本次活动的开场节目，让幼儿在欢快而热闹的音乐下，小组成员之间相互配合，展现最美的舞姿。

（五）跑旱船

跑旱船是传统民间艺术形式之一。是一种模拟水中行船的汉族民间舞蹈，逢年过节都会有相应的表演。在“人大萌娃闹元宵”的活动中，穿插此表演，能活跃现场气氛，让幼儿充分感受欢快而热闹的节日氛围。

五、活动安排

时间	内　容	家园共育	负责人
第一阶段	幼儿用生活中的废旧材料制作小花灯，体验动手操作的乐趣	家长与幼儿共同完成小花灯的制作	班长、教师
第二阶段	用统一的猜谜纸制作“猜灯谜”的谜语	提前引导幼儿初步学会“猜灯谜”的游戏玩法并动手制作自己小花灯上的谜语	班长、教师
第三阶段	完成教学楼1～2层及操场赏花灯的环境布置	将花灯及谜语布置在相应的场地	保安、班长、教师
第四阶段	元宵节展板摆放	家长可将在家与幼儿一起阅读或记录学习元宵节相关内容的精彩时刻带到园中进行展板布置	班长
	开场舞：舞龙表演	大班幼儿表演舞龙	大班班长
	《闹元宵》童话剧表演	提前做好《闹元宵》童话剧表演的排练工作	年级组长
	元宵节诗歌朗诵	提前做好元宵节诗歌朗诵的排练工作	教研组长
	赏花灯、猜灯谜、领奖状	家长知晓观赏花灯的路线，并与幼儿积极参与猜灯谜的游戏	各班班长、教师
	制作元宵	引导幼儿观看制作元宵的视频，与幼儿共同制作元宵	年级组长、食堂老师

第二节　班级活动

活动一　艺术领域：制作花灯（小班）

教师：张　妍

活动目标

1. 尝试用剪、贴、穿的方法来制作红灯笼，体验做做、玩玩的快乐。
2. 培养观察、操作和语言表达能力，提高审美情趣及创新意识。
3. 在创作过程中体验色彩和图案对称带来的美。

活动重点

能耐心地参与制作花灯的活动。

活动难点

能用剪、贴、穿的方法来制作红灯笼。

活动准备

1. 经验准备：师幼共同收集各种花灯。
2. 物质准备：花灯制作步骤图、剪刀、胶水、线、硬纸板、彩色笔、不同造型的花灯图片、做好的花灯范例。

活动过程

（一）导入环节

教师出示不同造型的花灯图片，引导幼儿欣赏。

师：你喜欢哪一盏花灯？为什么？

幼儿之间互相交流自己的感受。

（二）基本环节

1. 教师出示做好的花灯范例，引导幼儿观察，激发幼儿制作花灯的兴趣。

组织幼儿讨论：你想制作一个什么样儿的花灯？应该怎样制作？

鼓励幼儿大胆讨论、交流，说一说自己的想法。

2. 教师讲解制作花灯的步骤及制作过程中的注意事项。

3. 幼儿动手制作花灯。教师巡回指导并提醒幼儿使用工具时要注意安全。

（三）结束环节

1. 幼儿之间互相欣赏、评价作品。

2. 请个别幼儿分享自己制作的花灯，感受成功的喜悦和花灯的美。

3. 幼儿分组，互评作品。

4. 教师结合剪、贴、穿等技能进行小结。

活动延伸

用幼儿制作的花灯装扮教室（图 3-1）。

图 3-1

活动反思

教师是活动的支持者，幼儿的引导者和观察者。活动过程中，要善于观察并引导幼儿积极动手制作花灯，适时、适度地对幼儿进行鼓励，让幼儿通过欣赏花灯了解花灯的结构，运用剪、贴、穿等技能制作花灯。

幼儿对制作花灯非常感兴趣。在制作花灯的过程中，他们积极参与，努力、认真地动手操作，感受制作花灯的乐趣。通过本次活动，幼儿知道了元宵节是中国的传统节日之一，了解了元宵节的习俗包括吃元宵、赏花灯和猜灯谜等活动。

活动二　社会领域：团团圆圆（中班）

教师：宋晓农

活动目标

1. 了解元宵节的来历和风俗，知道元宵节是中国传统节日之一。
2. 尝试带领小班幼儿一起玩花灯、包元宵，加深对元宵节的感受。
3. 体验和大家一起过节的快乐。

活动重点

会用揉、搓、团、压、捏、包等技巧制作元宵。

活动难点

尝试带领小班幼儿一起玩花灯、包元宵，过程中学会照顾小班幼儿。

活动准备

1. 经验准备：

（1）活动前，幼儿每人带一盏亲子制作的花灯来幼儿园。

（2）幼儿已经初步了解元宵节的来历。

（3）为了迎接元宵节的到来，提前布置好相应的班级环境。

2. 物质准备：糯米面团、豆沙馅、保鲜膜、制作元宵的工具、视频《元宵节的由来》、制作元宵的视频等。

活动过程

（一）导入环节

教师引导幼儿观看视频《元宵节的由来》，初步了解元宵节的来历和相关习俗，让幼儿向小班幼儿讲述自己过元宵节的经历。

师：元宵节是中国传统节日之一，是与家人团聚、包元宵、吃元宵、赏花灯、猜灯谜的日子。

师：中班的小朋友们，你们还记得以前的元宵节是怎么过的吗？给小班的小朋友们分享一下吧！

（二）基本环节：包元宵

1. 教师讲解包元宵的步骤及注意事项。提醒幼儿在制作元宵前先把手洗干净，在制作过程中手不要乱摸。

幼儿边看制作元宵的视频边听教师讲解。

包元宵的步骤：

（1）拿到糯米面团后，把面团揉匀。

（2）将面团搓成长条，切成小剂子。

（3）将剂子放在手掌心里，团成圆球。

（4）将圆球压扁，用擀面杖擀成小圆饼，即面皮。

（5）取适量的豆沙馅，放在面皮中间，用面皮包住豆沙馅，再把开口捏住，确保豆沙馅不漏出来。

（6）将包好的元宵放在手里搓成圆球。

2. 幼儿制作元宵，教师巡回指导。

（1）教师发现有不会包或者包不好的幼儿（如不会搓长条、包馅等），及时进行指导，帮助幼儿完成元宵制作。

（2）对于做得好的幼儿，教师要及时肯定并表扬。

（三）结束环节：玩花灯

1. 教师指导幼儿欣赏花灯，并找到自己喜欢的花灯。

2. 教师指导幼儿向小班的小朋友们介绍自制的花灯，并一起玩花灯，体验活动的快乐。

活动延伸

引导幼儿与同伴、小班幼儿、教师一起品尝自己制作的元宵。

活动反思

本次活动的重点在于引导幼儿掌握揉、搓、团、压、捏、包等动作技能，学会包元宵。幼儿对包元宵的活动非常感兴趣，通过动手操作初步学会了包元宵的方法和步骤，并且吃到了自己动手包的元宵，非常有成就感。中班幼儿在与小班幼儿接触的过程中，表现出作为哥哥、姐姐照顾弟弟、妹妹的友善和爱心，通过给小班幼儿讲解元宵节的由来和习俗，一起玩花灯、吃元宵，进一步加深了对元宵节的理解和感受。本次活动达到了最初的设计意图，实现了教学目标。

活动三 艺术领域：闹花灯（中班）

教师：刘 扬

活动目标

1. 能利用废旧材料动手制作花灯。
2. 愿意按照自己的设计稿动手制作花灯。
3. 对参与庙会活动感兴趣，体验节日的快乐。

活动重点

愿意按照自己的设计稿动手制作花灯。

活动难点

能合理地利用废旧材料进行制作。

活动准备

1. 经验准备：知道元宵节闹花灯的习俗，玩过“闹花灯”的游戏。

2. 物质准备：纸盒、纸杯、彩纸、剪刀、胶棒、彩珠、毛线、颜料、毛笔等。

活动过程

（一）导入环节

通过“闹花灯”的游戏，激发幼儿参与活动的兴趣。

“闹花灯”游戏玩法：

1. 穿着不同颜色衣服的幼儿扮作不同颜色的花灯。

2. 幼儿共同朗诵儿歌《闹花灯》，当念到“西瞧瞧”时，教师发出口令：“请红色花灯原地转五圈后蹲下。”穿红色衣服的幼儿听到口令后做出相应的动作，其他幼儿原地不动。

3. 以此类推，每次幼儿说完儿歌后，教师发出游戏口令，变换花灯的颜色及动作。

附儿歌：

闹　花　灯

新年到，真热闹，
漂亮花灯真不少，
东看看，西瞧瞧，

（二）基本环节

1. 观察材料，了解用途。

师：今天，咱们要一起做花灯。老师为小朋友们准备了各种各样的材料。先来认识一下这些材料吧！

2. 设计花灯造型。

（1）每三个幼儿为一组。每组幼儿为自己的组起一个组名。

（2）三人合作画出一幅花灯的设计稿（图 3-2）。

（3）每组幼儿根据本组的设计稿选择制作花灯所需材料，进行制作（图 3-3）。

图 3-2

图 3-3

3. 教师对幼儿进行安全提示并讲解如何正确、安全地使用工具。

4. 教师巡回指导，根据幼儿制作花灯的情况帮助和提示个别幼儿。

5. 幼儿分组展示花灯。每组派出一名代表，讲解花灯作品的设计理念和寓意。

（三）结束环节

师：小朋友们，花灯上还可以有什么？

师：小朋友们可以找一些灯谜。我们下次活动时，再来画灯谜。

活动延伸

幼儿完成找灯谜的任务。

活动反思

在开展本次活动前，幼儿对于花灯的意义已经有了初步的了解。这次制作花灯的活动，幼儿也很期待。刚开始活动时，幼儿就表现出很兴奋的样子。但是，他们对于合作设计花灯造型缺乏经验，出现了分工不明确的问题，比如，谁来画、画什么、谁来说、用谁的想法，偶尔有争吵的情况出现。教师在巡视过程中，根据幼儿遇到的问题，给予了适当的建议，并和幼儿共同梳理了类似问题的解决办法。幼儿慢慢地都能接受他人的意见和建议，经过协商，达成一致，并画出了花灯造型设计稿，开始进入制作阶段。个别小组根据材料和制作难度，对设计稿进行了调整。由于时间关系，最后，有的小组完成了作品，有的小组没完成。经与幼儿协商，没有完成作品的小组可以利用区域游戏环节或过渡环节继续创作。

活动四　健康领域：踩高跷（大班）

教师：李　敏

活动目标

1. 在踩高跷行进的过程中，能根据指令做出相应的动作，如往前走、倒着走、横着走等。

2. 在掌握了走高跷技能的基础上，尝试用高跷带球前进，提高控球能力。

3. 愿意与同伴共同游戏，感受游戏的乐趣，萌发竞争意识。

活动重点

大胆运用踩高跷的动作技能进行控球练习，促进身体平衡及控制能力的发展，提高动作的协调性和灵活性。

活动难点

在掌握了走高跷技能的基础上，尝试用高跷带球前进，提高控球能力。

活动准备

1. 经验准备：

(1) 已经基本掌握走高跷的方法。

(2) 看过世界杯足球赛的视频。

2. 物质准备：世界杯足球赛音乐、高跷每人一个、足球。

活动过程

（一）导入环节

教师播放世界杯足球赛音乐，带领幼儿热身。

师：这是什么音乐？你有什么感受？

师：我们怎么做，才能变成一个大巨人呢？

（二）基本环节

1. 幼儿自由探索高跷的玩法。

师：踩高跷除了往前走，还可以怎么走呢？

引导幼儿练习踩着高跷，横着走、倒着走的方法。

2. 学习边踩高跷边带球向前走。

师：小朋友们，怎样才能站在高跷上，让球跟着我们一起走呢？

幼儿自由练习，边踩高跷边带球前进。教师观察并指导，提醒幼儿注意安全，看好方向，让球向前滚动。

3. 幼儿分为两队，练习站在高跷上，将球踢进球门。

（三）结束环节

1. 教师对游戏情况进行评价。

师：小朋友们今天玩得开心吗？大家表现得都很好，都能遵守游戏规则。

教师引导幼儿总结进球多和进球少的原因，及时肯定和鼓励所有幼儿。

2. 幼儿听音乐，跟着教师做动作，放松身体。

师：小朋友们都累了吧？现在，跟着老师放松放松身体吧！可以转转手腕、脚腕，揉揉腿，揉揉胳膊，跟小伙伴坐在地垫上，相互捶捶腿、拍拍背。

放松活动结束后，口渴的幼儿可以去喝水，活动自然结束。

活动延伸

引导幼儿多次练习踩着高跷带球前进的技能。在幼儿熟练掌握这个技能之后，鼓励幼儿尝试踩高跷上楼梯，增加游戏难度。

活动反思

本次活动通过踩高跷踢球游戏发展了幼儿身体的平衡与协调能力，敢于迎接挑战的品质。幼儿参与活动的积极性很高，勇于探索。教师让幼儿根据自己的能力与水平，自由选择难易不同的高跷走法，达到了因材施教的目的。同时，关注幼儿运动中的安全教育，及时肯定和指导幼儿，较好地实现了活动目标。

活动五　社会领域：班级庙会（大班）

教师：沈晓宇

活动目标

1. 知道农历正月里有春节、元宵节，了解元宵节的来历及相关习俗。
2. 通过自制、收集与正月过年有关的物品，了解庙会的内容。
3. 积极参与“班级庙会”的布展任务，在思考、布展、逛展、赏玩中，感受正月的喜庆气氛。

活动重点

了解元宵节的来历、习俗及庙会文化，设计并布置班级庙会。

活动难点

通过自制、收集与正月过年有关的物品，了解庙会的内容。

活动准备

1. 经验准备：初步了解元宵节的来历及相关习俗；有舞龙的经验。
2. 物质准备：动画视频《元宵节的来历》，庙会场景图片，亲子自制、收集的与正月过年有关的物品（包括花灯、冰糖葫芦、其他美食等），师幼自制的龙头、龙尾、龙珠等舞龙道具，画纸，笔，音乐《正月里》等。

活动过程

（一）元宵节的来历

1. 谈话导入，引导幼儿回顾已有经验并大胆表达。

师：元宵节前后，我们的生活会有哪些变化？

2. 教师播放动画视频《元宵节的来历》，引导幼儿观看，再次直观感受元宵节的来历及其传统习俗。

小结：元宵节前、后，大街小巷都会挂上彩旗或彩灯，公园、小区的大门口也会摆满各式各样的花灯，超市里有各种美食……到处都红红火火、热热闹闹的。

（二）借助图片，引出庙会话题

1. 教师出示庙会场景图片，引导幼儿仔细观察，大胆表达并感受庙会的热闹气氛。

师：图片上显示的是哪里？你去过吗？人们在做哪些事情？

2. 结合自制、收集与正月过年有关的物品，激发幼儿布置班级庙会场地的兴趣。

师：如果把咱们的教室变成庙会，你想在哪里摆些什么？

鼓励幼儿大胆表达，并请个别幼儿尝试。

（三）布置庙会

1. 迁移班级区域划分经验，拓展幼儿布展思路。

师：咱们班的庙会可以设计哪些项目？

重点引导幼儿从逛、吃、玩三个方面思考并表达。

师：咱们班的游戏区域怎么摆的？这些区域可以放哪些物品？

鼓励幼儿自由表达并说出摆放的理由。

2. 结合幼儿想法，师幼共同绘制班级庙会平面草图。

教师以简笔画的方式在大纸上绘制班级庙会的平面草图，帮助幼儿在布展中有目的、有计划地尝试。

3. 根据不同的区域内容，幼儿自由分组，尝试布展。

鼓励幼儿根据自己的兴趣自由选择区域及合适的材料进行布展。三位教师分工负责进区指导（重点是舞龙区域的场地指导）。

（四）情景游戏：逛庙会

教师播放音乐《正月里》，师幼共同逛庙会，在逛庙会、吃美食、看表演的过程中，感受正月过年的热闹气氛。

活动延伸

教师可以在班里开展“跳蚤市场”的活动，让幼儿义卖或交换平时不常用的物品，引导幼儿愿意将自己闲置的物品与同伴分享、交换，培养幼儿不浪费物品、节约资源的意识和良好的行为习惯。

活动反思

本次活动通过引导幼儿设计摊位、义卖或交换物品，真正走进庙会，在庙会多种多样的习俗活动中，释放幼儿的天性，真正践行“让教育回归生活，真实而丰富”的教育理念，让幼儿在元宵节热闹而喜庆的气氛中提高组织、设计、实施活动的能力和社会交往能力，同时也体验在幼儿园过元宵节的快乐，萌发爱集体、爱幼儿园的美好情感。

第四章　清明节

三月春暖花开，四月安康如意。清明节是我国的传统节日之一。清明节的到来，意味着万物凋零的寒冬过去了，风和日丽的春天真正地开始了。清明不仅是一个节日，也是一个非常重要的节气。按照《岁时百问》的说法：“万物生长此时，皆清洁而明净，故谓之清明。”清明一到，气温升高，雨量增多，正是春耕、春种的大好时节。故有“清明前后，种瓜点豆”“植树造林，莫过清明”这样的谚语。

一年一度的清明节就要到了。为了让幼儿了解清明节的由来及其风俗习惯，增强幼儿对传统节日的认识，传承中华民族的经典文化、传统习俗，我们设计并开展了一系列的活动，带领幼儿体验清明节的各种风俗，感受春天的气息。

传统节日是我国古代文明的重要载体，在世界文化交流与融合的大背景下，很多家庭更倾向于过一些西方的节日，而忽略了中国的传统节日。清明节作为祭奠先祖的重要日子，不能被现代人所忽略。清明节是一个对幼儿进行生命教育的大好时机，因为这个时节刚好是大自然万物生发的阶段，孩子们能见识到大自然很多新生事物，从而了解生命之初的状态。了解清明节扫墓的习俗，有助于培养幼儿对长辈的尊重和敬爱。为此，我们开展了“追思缅怀，德润童心”这一主题活动，通过创设环境、节日主题活动、踏青与寻春、古诗吟诵、绘本阅读等多种途径，让幼儿学会感恩先人尤其是感恩革命先烈，深刻体会今天的幸福生活来之不易，感受并理解生命的伟大。

清明不仅是人们踏青游玩、享受春光的美好时节，也是中华民族礼敬祖先、弘扬孝道的传统节日。《指南》中指出：“运用幼儿喜闻乐见和能够理解的方式激发幼儿爱家乡、爱祖国的情感。”本次活动利用故事、视频、谈话等形式帮助幼儿理解家乡英雄人物的事迹，把爱祖国、爱家乡、爱身边人的情感深深地根植于幼儿的心里，培养幼儿关爱他人的良好品格。

第一节　园级活动

一、活动背景

清明节是我国的传统节日。清明来到，万物凋零的寒冬就过去了，风和日丽的春天真正地开始了。三月的春天，有绚丽的阳光；三月的春天，有稚嫩的笑脸；三月的春天，更有孩子们活泼的身影。从孩子们的言谈中，我们已经感受到春天带来的喜悦，为了满足他们对美好春天的好奇与向往，我们决定带领孩子们走出幼儿园，走进大自然，让他们亲自感受春天，体验春天，拥抱春天！通过踏青春游、荡秋千、放风筝、蹴鞠等活动，了解清明节的传统风俗，锻炼身体，充分感受春天景色的美好。

清明节起源于我国古代帝王的祭祀活动，在民国时期正式作为祭奠与缅怀先祖的日期，和那些喜庆而热闹的节日相比，幼儿了解得较少。因此，应该在幼儿教育中积极开展认识清明节的活动，能让幼儿从小接触中国传统文化的精髓，以庄严、肃穆的态度去面对清明节，怀着感恩的心缅怀祖先和为今天的幸福生活而牺牲生命的先烈们。在本次教育活动中，幼儿积极参与瞻仰烈士纪念碑的活动，通过了解先烈们的英雄事迹真正懂得了如今的美好生活是革命先烈们用生命换来的，要更加珍惜。

二、活动目标

（一）知道清明节是祭祀的节日，感受清明节与其他节日的不同氛围。了解清明节的由来，知道清明节的日期及相关习俗。

（二）知道清明节是在春天，了解清明时节万物复苏、种子萌发的过程，能积极分享自己的清明踏春活动经历与感受。

（三）了解革命先烈的英雄事迹，对革命先烈抱以尊重、缅怀之情，懂得珍惜今天来之不易的幸福生活。

（四）尝试动手制作与清明节相关的美食，如制作青团等，体验制作美食的乐趣，提高动手能力。

三、活动准备

（一）环境创设

地点	内　　容	负责人
园内操场	清明节活动启动仪式背景墙，每根柱子上有关于春天的主题词，如“播种”“希望”“活力”等	各年级组长及各班班长
园内大厅	各班关于“清明知识知多少”的介绍展板	各班班长及教师
一楼走廊	幼儿手工捏制的青团及青团制作过程的图片	各年级组长及各班班长
班级节日墙	关于清明节的调查问卷，有关清明节的习俗、由来、食物、诗句等资料	班级教师
二楼走廊	清明节举办过的活动照片，主要分为“春种一粒种”“我们去踏青”等	各年级组长及各班班长
班级区域	语言区投放与清明节相关的绘本；美工区投放绿色超轻黏土	班级教师

（二）物料准备

1. 展板类：清明节活动启动仪式宣传栏、清明节来历及相关习俗的展板。

2. 工具类：小铁铲和小水桶（数量为幼儿人数的一半）。

3. 材料类：各种类型的风筝各一个、每人一个“鞠”或者足球、古诗卡。

4. 道具类：汉服，简单的乐器，如铃鼓、双响筒、木鱼等。

5. 植物类：柳条和树苗。

6. 美食类：青团面、不同口味的馅儿。

7. 图书、视频类：生命教育绘本《爷爷变成了幽灵》，电影《寻梦环游记》视频。

（三）安全措施

1. 食材安全：食堂负责为幼儿提供新鲜、安全的食材。

2. 人员安全：保安负责整个活动的安保工作；各班教师关注幼儿身体状况；保健医提供医护支持。

3. 标识安全：制作安全类提示板、安全标识提示。

四、活动内容

我园从知、情、意、行的角度设计并实施有关清明节的活动，具体包括以下六个方面：

（一）知清明

花开向暖，绿意漫野。大自然是一座知识的宝库。孩子们置身大自然，可以学到很多自然科学的知识，满足他们的好奇心和探索的愿望。“知清明”活动以开展“踏青寻春——春游”活动为主，引导幼儿走进大自然，感受春天的勃勃生机。

四月清明，春回大地，自然界到处呈现一派生机勃勃的景象。这正是郊游的大好时机。我园组织幼儿开展踏青活动，设计了亲子快乐野餐的环节，引导幼儿与同伴分享春天的所见、所闻，了解清明时节踏青的意义，感受春天的气息，绘出心中的春景。

（二）诵清明

古诗词是中华民族文化艺术宝库中一颗璀璨的明珠，它扎根于历史的长河之中，渗透在我们的生活里，融化在我们的血液里。吟咏诗词，演绎、赏析经典。“读史书使人明智，读诗书使人灵秀。”幼儿越早感受诗词的美好，对其成长、性格培养、文化素养越有益。因此，我们设计并开展了“诵小诗　感情怀”的活动，带领幼儿发现古诗词的魅力和力量，引导幼儿用脍炙人口的诗句来表达对英雄先烈们的深切怀念。

我们带着幼儿一起学习古诗《清明》，学会诵读并能结合手势动作进行表演，录制相关视频，发给家长们。请孩子们听听爸爸、妈妈分享有关清明节的古诗词，以亲子诗配画的方式，演绎经典、传承文化（图 4-1）。

（三）品清明

又是一年清明至，一个艾草碧绿的日子，一个青团飘香的时节。我们开展了“一口春天，一口青团”巧手做青团的活动，旨在让孩子们了解清明节的由来及其风俗习惯，增强他们对传统节日的认识，切身感受做青团的乐趣。活动过程中，我们一起了解了青团的制作方法，动手制作青团，品尝青团，分享制作青团的感受。

（四）种清明

“清明前后，种瓜点豆。”我园借着生机勃勃的春日开展了一系列的种植、采摘活动，让幼儿在观察与探索中发现植物生长变化的过程，激发幼儿探究大自然的浓厚兴趣。

在这次自然教育活动中，教师为幼儿科普了植树节的相关知识；幼儿和家长一起合作种树苗，增进了亲子关系和感情；种植活动结束后，又一起采摘草莓，体验了采摘的乐趣；最后，大家一起合影、留念，记录下这有意义的一天（图 4-2）。

（五）玩清明

春光莫负，赏尽人间四月天。春天是万物复苏的季节，也是踏青的好时机，这也是清明节的习俗之一。教师组织幼儿和家长一起放风筝、荡秋千、蹴鞠……孩子们在游戏中了解清明节的由来、意义及风俗习惯，感受中国传统节日的内涵和魅力，在清明的绿意花语中尽享春日的美好。

（六）敬清明

清明节快到了，幼儿对生命充满了好奇，生老病死不可避免，他们在成长的路上终究要认识死亡，比如，遇到心爱的宠物离世等。生老病死是自然规律，可是怎么跟幼儿解释呢？有的孩子会问："去世的人去了哪里？"在清明节开展生命教育，让幼儿了解死亡，学会面对死亡，就不会在突如其来的意外面前显得手足无措。生命教育是孩子一生不可缺少的教育。告诉他们真正的爱不会消失，遗忘才是真正的逝去。同时，给予孩子更多的力量去面对生活的风雨，获得对生命的敬畏感，从而更加热爱生活、热爱生命。

我园还开展了生命教育绘本阅读，通过阅读绘本让幼儿了解生命的意义和不曾消失的爱。教师给幼儿讲述革命先烈的英雄故事，让孩子们知道我们的幸福生活来之不易，并带领幼儿瞻仰烈士纪念碑，送上幼儿亲手制作的菊花，向英雄致敬，缅怀烈士。

图 4-1

图 4-2

五、活动安排

时间	内　　容	家 园 共 育	负责人
3 月中旬的周末	活动一：知清明 1. 了解清明节气相关知识及踏青的意义 2. 明确清明节踏青活动，激发幼儿参与活动的兴趣 3. 亲子自由活动，感受春天美好的景色	1. 家长陪同幼儿，协助完成踏青筹备工作 2. 积极参与亲子游戏 3. 拍照记录精彩瞬间 4. 家长和幼儿一起收集	各班教师

（续）

时间	内　　容	家 园 共 育	负责人
3月中旬的周末	4. 引导幼儿制订踏青计划 （1）幼儿自愿分为三个小组，确定每个小组负责的内容： A组：确定踏青日期和出行方式 B组：确定踏青地点、绘制地图 C组：确定人员分工、物品准备 （2）投票决定踏青活动的具体项目 开展吹泡泡、拍照、放风筝、滑滑梯、野餐等活动 （3）确定人员分工和场地安排 5. 与同伴分享春天的所见、所闻 6. 亲子快乐野餐：亲子自由组队，自主摆放食物 7. 播种希望	与清明节有关的资料，引导幼儿了解有关清明节的习俗	
4月初	活动二：诵清明 1. 主持人入场，开场白 2. 奏国歌，师幼集体敬礼，致敬英雄 3. 幼儿代表致辞，表达对先烈的崇敬之情 4. 各班幼儿代表有序诵读与清明节有关的古诗 5. 结合音乐《清明》的韵律，做手势诵读古诗，安排好亲子乐队伴奏	1. 回家跟爸爸、妈妈分享自己在幼儿园里诵读的清明节古诗 2. 爸爸、妈妈给幼儿讲一讲先烈们的故事	年级组长及班级教师
清明假期前一天	活动三：品清明 1. 通过展示青团实物、照片，播放视频等，让幼儿认识青团的形状、颜色，品尝青团的味道 2. 按制作步骤学做青团 （1）取出面团按一按，面团变得松又软 （2）小手用力团一团，变成小碗装馅馅 （3）馅料放在小碗里，揉揉捏捏变成团 3. 分享青团美食，说一说吃到自己做的青团美食有什么感受	1. 在幼儿园学会了如何做青团，回家后跟爸爸、妈妈分享制作青团的过程 2. 幼儿将自制的青团带回家，与爸爸、妈妈分享，再说一说与青团有关的历史故事	1. 青团的习俗教学：班级教师 2. 青团的做法教学：保育教师 3. 青团蒸制：厨房师傅
3月12日植树节	活动四：种清明 1. 集合、签到 景区大门检票口集合，宣讲安全规定，然后统一进入景区 2. 自然教育 教师为幼儿科普植树知识，引导幼儿认识一棵树，了解植物在大自然中和人类的关系及对地球的意义，激发幼儿关爱自然、保护环境的热情和兴趣，强化幼儿的环保意识	1. 为幼儿准备种植工具 2. 引导幼儿爱护树木，保护环境 3. 帮助幼儿做好问卷调查	1. 自然教育：班级教师 2. 安全教育：班长及教师 3. 种植树苗：保育教师

（续）

时间	内　　容	家园共育	负责人
3月12日 植树节	3. 栽种小树苗 教师带领幼儿及家长来到指定地点，为孩子们讲解种树工具及其使用方法。每个家庭可以领到一棵小树苗，幼儿和家长一起亲手种植，从挖坑到放树、埋土、浇水，全程亲力亲为，最后用笔写下心愿，为小树苗挂上心愿卡片。全部完成后，与自己的小树苗合影、留念 4. 走进春天，采摘草莓 阳春三月，草长莺飞，大地又换上了新装。家长陪着孩子们一同走进草莓园，体验采摘的快乐，享受美好的亲子时光。活动结束后，可以免费领取一斤草莓，由孩子们带回家，品尝自己的劳动果实 5. 户外玩耍 孩子们可以自由地开展户外活动，尽情地玩耍 6. 精彩一刻 参加活动的所有家庭成员，欢聚一堂，集体合影、留念，记录下这段有意义的美好时光		
3月下旬 （有风、晴朗的天气）	活动五：玩清明 1. 放风筝 （1）开展“巧巧手”风筝制作活动，要求幼儿了解风筝的结构和特点，能选择合适的材料，尝试小组分工制作。在反复实验中获得成功，并能分享自己的制作经验 （2）开展放风筝的活动。在50米的跑道上进行放风筝接力赛，在追逐中感受春天的美好 （3）布置“风筝展”，幼儿将自己设计并制作的风筝和自己收集的风筝集中展出 2. 荡秋千 （1）出示荡秋千的挂图 （2）介绍秋千的来历 （3）介绍秋千的玩法 （4）一起玩荡秋千的游戏 3. 蹴鞠 （1）教师发“鞠”，幼儿自由探究玩法 （2）幼儿展示自己玩“鞠”的方法，并给游戏命名 （3）幼儿进行蹴鞠比赛 （4）给获胜队颁发小红星贴纸 4. 插柳 （1）教师介绍清明节插柳的习俗 ①提问：人们为什么要插柳	1. 爸爸、妈妈跟幼儿分享自己儿时是怎样玩这些游戏的 2. 幼儿跟小区的小朋友们分享自己做风筝的经验	年级组长及班级教师

（续）

时间	内　容	家园共育	负责人
3月下旬（有风、晴朗的天气）	②讲述清明插柳是为了纪念介子推 （2）向幼儿讲解插柳的意义，激发幼儿动手插柳的兴趣 ①插柳可以渲染节日气氛 ②插柳可以绿化环境，每到柳枝展绿的时候，它便告诉小朋友们春天来了 （3）组织幼儿在幼儿园周围进行插柳活动 ①要求：四名幼儿一组，其中一人用小桶提水，两人用小铁铲松土，一人拿柳枝。四人要团结、合作，看哪一组插得又好又快 ②方法：先用小铁铲松好土，然后浇水，最后插柳枝 ③幼儿动手插柳，教师巡回指导。如：松土时，可以找个松软的地方，松的土要稍微深一点儿，以免柳枝歪斜、不牢固；不能浇太多的水 ④插完柳枝后，教师组织幼儿将工具放好，再小结活动开展的情况，表扬不怕脏、不怕累的幼儿及团结、合作好的小组 ⑤要求幼儿每天给柳枝浇水，轮流照看		
4月1日	活动六：敬清明 1. 绘本分享《爷爷变成了幽灵》，当我们身边的人离去，他只是去了另一个世界，但是爱不会消失。生命都有尽头，我们能做的就是在离开前，不留遗憾地好好告别 2. 了解英雄烈士的光荣事迹 （1）教师讲述英雄的故事 （2）师幼交流 3. 学习并制作纸工菊花 （1）将卡纸折叠后剪成细条 （2）将细条卡纸剪成不同的长度 （3）贴上双面胶 （4）卷在纸棒或吸管上 （5）向外轻轻压折 4. 瞻仰烈士纪念碑 （1）教师讲解瞻仰活动应注意的事项（表情要严肃，不乱讲话，表示对先烈的尊重） （2）每位幼儿手拿自制菊花，瞻仰烈士纪念碑	1. 请家长讲一讲自己家乡的革命故事和英雄事迹 2. 请家长带领幼儿参观红色教育基地	班级教师

第二节　班级活动

活动一　健康领域：好吃的青团（小班）

教师：张曲歌

活动目标

1. 尝试自己动手做青团，体验制作美食的喜悦。
2. 了解清明节吃青团的习俗。
3. 学会运用团圆、捏等方法制作青团。

活动重点

了解清明节习俗，知道清明节吃青团的来历。

活动难点

能尝试运用团圆、捏等方法制作青团，并将馅料完整地包进面皮里。

活动准备

1. 经验准备：幼儿有过捏彩泥的经验。

2. 物质准备：PPT 课件《清明节习俗》、制作青团的视频、一盘青团（实物）、青团粉、擀面杖、面板、豆沙馅、幼儿围裙、盘子。

活动过程

（一）导入环节

1. 出示一盘青团，激发幼儿参与活动的兴趣。

师：这是一种点心，小朋友们认识它吗？你们吃过吗？

师：清明节为什么要吃青团呢？

2. 播放 PPT 课件《清明节习俗》，介绍清明节吃青团的来历之一。

师：小朋友们，青团是江南的传统特色小吃。青团是青色的糯米团，里面有馅料，吃起来软软的、甜甜的。据说清明节吃青团是为了纪念太平天国时期李秀成的大将陈太平和帮助过他的农民伯伯。陈太平被清兵追捕。附近耕田的农民伯伯把他伪装成农民的样子，藏在农田里。清兵在各村把守，不让人们给他送吃的。而农民伯伯用糯米和艾草制作成青团，混在青草里，躲过了清兵的盘查，将青团送给陈太平吃。陈太平脱险后，也让太平军制作并食用青团，御敌自保。后来，清明节吃青团就成了纪念这段历史的一种习俗。

（二）基本部分

1. 品尝青团的味道。

师：你吃过青团吗？它是什么味道的？

2. 制作青团。

（1）通过提问引发幼儿思考如何制作青团。

师：清明节马上就要到了。小朋友们也来学习做青团吧！

师：谁知道怎么做青团呢？需要用到哪些材料？

（2）播放制作青团的视频，引导幼儿观看。

师：那我们来看一看，食堂的叔叔、阿姨是怎么制作青团的吧！

师：先将艾草汁倒入糯米粉内，搅拌并和成面团，面团的颜色会由白色变为青色，再将青色的面团分成许多的小圆剂子，用擀面杖把小圆剂子擀成圆形的面皮，然后取一些豆沙馅，放在面皮的中间，把豆沙馅包在面皮里，团成球状，一个青团就做好了。做出许多的青团之后，把它们放在蒸屉上蒸熟，就可以吃啦！

（3）幼儿动手做青团，教师巡回指导，重点指导幼儿团圆、捏的动作，注意将馅料完整地包进面皮里（图 4-3、图 4-4）。

图 4-3

图 4-4

3. 总结与分享。

（1）教师总结制作青团的方法，请幼儿分享制作过程，说说制作过程中遇到了哪些困难，自己是怎样克服的。

（2）引导幼儿共同收拾、整理桌面、面板和制作工具。

（三）结束环节

教师带领幼儿将制作好的青团送到食堂蒸熟。

活动延伸

幼儿将自己制作的青团带回家，和家人一起分享青团美食。

活动反思

清明节的活动源于清明节的绘本故事分享，幼儿通过阅读故事了解了清明节的由来与习俗。教师结合幼儿兴趣开展了制作青团的活动。幼儿直接感知、实际操作、亲身体验了青团的制作，了解了青团的营养知识，体验到了动手制作青团的快乐。绘本故事中有关于珍惜粮食的内容，让幼儿在制作和品尝青团时，懂得要珍惜粮食、不浪费，通过共食青团的活动，也让幼儿感受到了与他人分享自己劳动成果的乐趣，促进了其社会性发展。

本次活动结合制作青团的实践活动，让幼儿获得有关“食”的知识，学习了有关饮食观念、食物营养、饮食文化等知识，形成良好的健康饮食习惯，树立与自然环境和谐相处的意识，理解和传承中华传统饮食文化。

活动二　语言领域：古诗《清明》（中班）

教师：王鑫蕾

活动目标

1. 学习古诗《清明》，对传统节日清明节产生探究兴趣。
2. 学会边朗诵古诗边打节拍。
3. 初步了解有关清明节的习俗。

活动重点

学会边朗诵古诗边打节拍。

活动难点

初步了解有关清明节的习俗。

活动准备

1. 经验准备：会背一些有关清明节的古诗。

2. 物质准备：古诗《清明》音频和相关图片。

活动过程

（一）导入环节

教师通过提问引导幼儿初步了解清明节。

师：小朋友们，你们知道吗，再过两天就是清明节啦！清明节的时候，你们会和爸爸、妈妈一起做哪些事情呢？

小结：清明节的习俗有很多，比如荡秋千、插柳、放风筝，还有踏青、扫墓、吃青团等。

（二）基本部分

1. 教师提问，引起幼儿关注。

师：让我们一起来听一听，清明节时，发生了哪些事情？

2. 教师播放古诗《清明》音频，引导幼儿欣赏。

3. 欣赏古诗《清明》图片并吟诵古诗（图 4-5）。

4. 教师引导幼儿观察图片并理解古诗内容。

5. 教师带领幼儿边吟诵古诗边打节拍。

师：小朋友们听完了这首古诗，想不想学呢？咱们一起学一学吧！

幼儿尝试边吟诵古诗边打节拍。

师：你们觉得第一句“清明时节雨纷纷”用什么动作打节拍呢？

师：第一句就拍手吧！

师：第二句“路上行人欲断魂”用什么动作打节拍呢？

师：第二句就拍腿吧！

师：第三句“借问酒家何处有”用什么动作打节拍呢？

师：第三句就拍肩膀吧！

师：第四句“牧童遥指杏花村”用什么动作打节拍呢？

师：第四句就拍桌子吧！

教师创设场景并播放古诗《清明》音频，引导幼儿一起表演。

6. 教师与幼儿玩“古诗接龙”的游戏。

师：刚才，小朋友们说的和做的都特别好！现在，老师想跟小朋友们玩一个小游戏——古诗接龙。老师来说古诗的第一句，小朋友们来说第二句，老师说第三句，小朋友们来说第四句，看看哪个小朋友最棒。

师：小朋友们表现得都特别棒！现在，女孩子们来说古诗的第一句和第三句，男孩子们说古诗的第二句和第四句，看看谁最棒吧！

（三）结束部分

1. 教师带领幼儿朗诵古诗，提醒幼儿注意语调的抑扬顿挫。

2. 引导幼儿根据古诗内容进行动作表演。

活动延伸

教师引导幼儿回到家里，将今天学会的古诗表演给自己的爸爸、妈妈看。

活动反思

本次活动是“诵小诗　感情怀”系列活动中的一个活动，在幼儿诵读古诗的过程中，发现了诗词的美。值此清明节即将来临之际，教师带领幼儿一起学习了《清明》这首古诗，引导幼儿边诵读古诗边结合手势打节拍进行表演，并录制视频发送给家长。请家长搜集有关清明节的其他古诗并分享给幼儿，家长和幼儿一起以诗配画（图 4-6）的形式演绎经典、传承文化。

图 4-5

图 4-6

活动三　社会领域：缅怀英雄（大班）

教师：康萌萌

活动目标

1. 了解清明节的来历，知道清明节的习俗。

2. 通过观看英雄人物的故事视频，萌发热爱祖国、珍惜今天幸福生活的情感。

3. 初步体验尊重并怀念烈士的情感。

活动重点

了解清明节的来历，知道清明节的习俗。

活动难点

通过观看英雄人物的故事视频，萌发热爱祖国、珍惜今天幸福生活的情感。

活动准备

1. 经验准备：知道清明节可以与家人做哪些事情。

2. 物质准备：PPT 课件《缅怀英雄》（包括清明节习俗的图片、革命先烈事迹的图片等）、故事视频《王二小》、彩色笔、纸等。

活动过程

（一）导入环节

1. 教师请幼儿说一说，自己家是怎么过清明节的。

师：清明节这一天，小朋友和自己的家人是怎么过的呢？

2. 教师播放 PPT 课件《缅怀英雄》中有关清明节习俗的图片，引导幼儿观看，了解清明节的习俗。

师：清明节其实还有很多习俗活动，比如，踏青，又叫“春游”，古时候也叫“探春”“寻春”等。四月清明，春回大地，大自然到处呈现一片生机勃勃的景象，正是郊游的大好时机。中国民间自古就有清明踏青的习俗。

师：清明前后，春阳照临，春雨飞洒，种植树苗成活率高，长得快。因此，自古以来也有清明插柳的习俗。放风筝也是清明时节人们喜爱的活动之一。每逢清明时节，春风拂面，人们会借着春风，在空旷的郊外放风筝，希望风筝高飞，给自己带来好运。

（二）基本环节

1. 教师引导幼儿了解为什么要在清明节扫墓。

师：每到清明时节，人们为了纪念革命烈士和家里去世的老人，还会去墓地扫墓。你们知道为什么要在清明节的时候扫墓吗？

师：第一个原因是，清明时节气候转暖，雨水增多，杂草丛生。陵园的墓地里也会长出很多的杂草，需要去除杂草，修整墓地。第二个原因是，清明前后，山清水秀，桃红柳绿，人们也会借此大好春光，去郊游、踏春。第三个原因是，以往的清明节是纪念古人介子推的日子，现在的清明节成了缅怀革命先烈、寄托对过世亲人哀思的日子，而扫墓活动也就成了这个节日的主要活动了（图 4-7）。

2. 教师播放故事视频《王二小》，激发幼儿缅怀英雄的情感及爱国情怀。

（1）播放视频，引导幼儿观看。

师：小朋友们，我们一起观看一个视频，了解一位参加过革命战斗的小英雄，看一看他的故事。

（2）教师就故事内容提问幼儿，引导幼儿讲一讲观看视频后的感受，激发幼儿爱国情怀。

师：看过视频之后，老师有几个问题想要问问你们。

问题一：故事的主人公叫什么？

问题二：他做了一件什么事情？

问题三：你看到他做的事情，有什么想法？

问题四：如果故事的主人公换作是你，你会怎么做？

（3）教师引导幼儿理解今天的幸福生活是无数的革命先烈用鲜血和生命换来的，从而培养幼儿敬仰和尊重先烈，教育幼儿更加热爱我们的祖国。

师：小朋友们想一想，如果没有他们的英雄行为，能换来咱们现在的美好生活吗？因此，我们要敬仰他们，感恩他们，更加热爱我们的祖国哦！

3. 教师引导幼儿画一幅美术作品，以纪念这些英雄们。

（1）幼儿绘画《我眼中的英雄》美术作品（图 4-8），教师巡回指导。

图 4-7

图 4-8

（2）请幼儿分享自己的画作，说说自己画的是谁，为什么说他是英雄。

（三）结束环节

小结：清明节的习俗有很多，既有缅怀先烈、寄托哀思的扫墓活动，又有踏青游玩、珍惜幸福生活的郊游活动，是一个赋有特色的节日。

活动延伸

建议家长可以带领幼儿参观烈士陵园，了解英雄事迹，缅怀先烈，激发幼儿热爱祖国的情感。

活动反思

本次活动通过观看《王二小》的英雄故事视频，让幼儿在故事情景与想象中感受生命存在的意义，了解为民族解放而牺牲生命的革命先烈事迹，得知现在的幸福生活来之不易，今后将继承革命先烈的遗志，传承红色革命传统，建设我们的祖国，让祖国更加富强、昌盛。

第五章　端　午　节

端午节作为我国的传统节日之一，有划龙舟、吃粽子、挂菖蒲、系五彩绳等习俗。为传承中华传统文化，让孩子们感受端午节独特的节日习俗，激发幼儿对民俗文化的兴趣，弘扬和培养幼儿的爱国主义情怀，幼儿园每年都会开展有关端午节的系列活动。

第一节　园级活动

一、活动背景

一年一端午，一岁一安康。端午节作为中国的传统节日之一，有着它独特的习俗，如吃粽子、赛龙舟、挂艾草、编五色丝线等。同样，它也蕴藏着丰富的幼儿教育、教学资源。《指南》中指出：“利用民间游戏、传统节日等，适当向幼儿介绍我国主要民族和世界其他国家和民族的文化，帮助幼儿感知文化的多样性和差异性。”基于此，我园在开展端午节系列活动时，结合幼儿不同的年龄特点及中国人民大学特有的历史文化资源，对活动进行甄别、筛选，通过制作美食、人文体验、家园齐参与的形式，鼓励幼儿在直接感知、亲身体验、实践操作中，增进对中国传统文化的了解，加深幼儿对端午节民俗活动的认知，逐步加强幼儿的爱国主义情感和民族自豪感。

二、活动目标

（一）知道端午节是我国的传统节日之一，初步了解其来历及风俗习惯，如吃粽子、赛龙舟、腌咸鸭蛋、挂艾草等。

（二）通过多感官参与、积极尝试与体验端午节的传统习俗，主动参与端午节的准备工作和庆祝活动。

（三）感受和大家共度端午的热闹气氛，初步萌发爱国主义情感和民族自豪感。

三、活动准备

（一）环境创设

<table>
<tr><th>地点</th><th>内　容</th><th>时 间</th><th>负 责 人</th></tr>
<tr><td>科学区</td><td>投放艾草和菖蒲，陈列不同造型的香包</td><td rowspan="4">端午节
前一周</td><td>各班班长</td></tr>
<tr><td>美工区</td><td>投放制作五色丝线和自制纸粽子的材料</td><td>班级教师</td></tr>
<tr><td>语言区</td><td>张贴有关端午节习俗的图片资料</td><td>保育教师</td></tr>
<tr><td>表演区</td><td>提供扎头的布条，纸棒，简易版龙头、龙尾道具，乐器及相关音频，供幼儿表演赛龙舟或创作其他与端午习俗有关的节目</td><td>各班班长
班级教师</td></tr>
</table>

（二）物料准备

1. 制作材料准备

彩纸、纸盒、纸板、剪刀、胶棒、勾线笔、彩笔、纸黏土、粽子叶、糯米、枣、线绳、五彩绳、艾草、香包等。

2. 资源准备

与端午节有关的视频、故事、图片、音频等。

四、活动内容

（一）知端午

端午节是中华民族的传统节日之一。为了让幼儿全方位地了解端午节，感受端午节丰富的文化内涵，激发其爱国主义情感，教师在结合幼儿年龄特点的基础上，设计并开展有关端午节的系列活动，借助播放端午节动画视频、观看实物、营造节日氛围等方式，引导幼儿在直接感知、亲身体验和实践操作中，了解端午节的由来及相关习俗。

（二）包粽子

包粽子是端午节传统习俗活动之一。粽子是用粽子叶包裹糯米蒸制而成。教师可以利用家长资源让幼儿初步了解粽子的包法，结合在幼儿园的实践体验活动，鼓励幼儿在学方法、趣尝试和品美味中丰富生活经验，增强幼儿的动手操作能力，加强幼儿对端午节传统习俗的感知，激发幼儿的爱国主义情怀和民族自豪感。

（三）赛龙舟

赛龙舟是端午节传统习俗活动之一。据说，赛龙舟是为了纪念爱国主义诗人屈原。幼儿园的“赛龙舟”活动以幼儿体育游戏为主，旨在锻炼幼儿腿部肌肉力量，增强与同伴相互配合能力的同时，引导幼儿体验中华传统体育项目，加深对端午节传统习俗活动的印象。

（四）颂古诗

有关端午节的古诗很多。教师引导幼儿和家长一起搜集有关端午节的古诗，通过诵读古诗，让幼儿了解古人对端午习俗的认知，体会并欣赏作为一种诗歌体裁的古诗与现代诗歌的不同，理解古诗的意境及诗人想要表达的情感等。

（五）端午手工制作

1. 小班——美味粽子

教师提前制作好超过班级幼儿人数的“粽筒”，鼓励幼儿收集包粽子所需生活材料（也可以用超轻黏土制作），如红枣、红豆、花生等。引导幼儿利用填充、按压等方式巧手制作美味的粽子。

2. 中班——制作龙舟

教师借助视频或亲自示范、讲解制作龙舟的方法，引导幼儿练习折纸船。完成制作后，鼓励幼儿画出龙头、龙尾，尝试沿轮廓剪下龙头和龙尾，粘贴在纸船的相应位置，创意制作龙舟造型。

3. 大班——巧手制作香包

教师引导幼儿与家长共同收集或在班里寻找制作香包的布和绳子，提前准备好流苏挂饰和艾草，结合香包制作步骤图，引导幼儿迁移包装物品的经验，尝试制作香包。

五、活动安排

时间	内　容	家园共育	负责人
端午节当天	讲述《我知道的端午故事》，了解端午节的由来和习俗	以调查问卷、征集端午节小报等形式，鼓励家长参与其中，引导幼儿初步了解端午节的由来及传统习俗，丰富幼儿的相关经验	年级组长 各班班长
端午节过后第一天	迎端午，做龙舟，赛龙舟	鼓励家长与幼儿共同收集生活材料制作龙舟，可以借助视频拓宽幼儿创作思路；也可以师幼共同制作龙舟；教师引导幼儿以游戏体验的方式感知传统民俗活动赛龙舟的激烈与有趣	

（续）

时间	内　容	家园共育	负责人
端午节过后第二天	端午粽飘香	邀请家长志愿者来园，教师、家长、幼儿一起制作美味的粽子，品美食、晓传统、感民俗	年级组长 各班班长
端午节过后第三天	巧手编制五彩绳	教师准备好五彩绳，师幼共同借助图片、视频了解编织、佩戴五彩绳的方法及美好寓意。鼓励幼儿将礼物和祝福送给家人，文化润童心，民俗巧传递	

第二节　班级活动

活动一　社会领域：端午节包粽子（小班）

教师：柳耀辉

活动目标

1. 认识包粽子的主要材料，基本能说出其名称。
2. 借助视频、教师示范与讲解、个别指导等方式，学习包粽子的方法。
3. 积极参与活动，体验包粽子的乐趣。

活动重点

认识包粽子的材料，体验包粽子的乐趣。

活动难点

初步知道包粽子的大致过程，学习包粽子的方法。

活动准备

1. 经验准备：幼儿知道端午节吃粽子的习俗。

2. 物质准备：包好的粽子图片、煮熟的粽子、干的江米和泡好的江米、干湿两种粽子叶、马兰草、小枣、托盘等。

活动过程

（一）导入环节

1. 教师和幼儿回顾前期活动，回想端午节有哪些习俗。

师：端午节要到了。你们知道过端午时，会做哪些事情吗？（鼓励幼儿大胆说说）

小结：端午节是中国的传统节日之一。人们会在端午节时吃粽子、系五彩绳、赛龙舟，还会在门上插艾草、挂菖蒲，这些都是端午节的习俗。

2. 出示粽子图片（图 5-1）和实物粽子，激发幼儿的探究兴趣。

图 5-1

师：小朋友们，你们认识图片上的食物吗？它是什么形状的？什么味道的？你吃过吗？

3. 展示煮熟的粽子实物，引发幼儿包粽子的兴趣。

师：今天，老师带来了一串香喷喷的粽子。你们看一看、摸一摸，说说有什么感受。

幼儿多感官感知粽子，尝试用简单的词语进行表达。

师：让我们一起来包粽子吧！

（二）基本环节

1. 感知包粽子的材料。

（1）江米。

师：你们知道粽子里面都有什么吗？

幼：有米、红枣、豆沙……

师：粽子里的米是我们平时吃的米饭的大米吗？

幼：好像不一样，我们平常吃的米饭不是黏黏的，粽子的米是黏黏的。

小结：包粽子的米叫作“江米”，也叫“糯米”，是一种很有黏性的米。从外观上看，大米是白色的、半透明的，而糯米不是。包粽子的米需要提前一天用水浸泡，让每个米粒都喝饱水，这样做出来的粽子，才会又软又糯。

教师出示泡过水和没泡过水两种不同状态的江米，让幼儿感知干（图 5-2）、湿（图 5-3）不同状态下的江米。

图 5-2

图 5-3

（2）小枣。

教师出示小枣，引导幼儿认知。

师：你们认识它吗？

幼：这个是小枣，我们家就有。它吃起来甜甜的，里面还有核儿。

小结：粽子里除了有糯米之外，还有甜甜的红枣或者花生、豆沙等，这些好吃的食物会让粽子变得更加美味。

（3）粽子叶。

教师分别出示干、湿两种不同的粽子叶，让幼儿摸一摸、闻一闻，引导幼儿认知并学会分辨（图 5-4）。

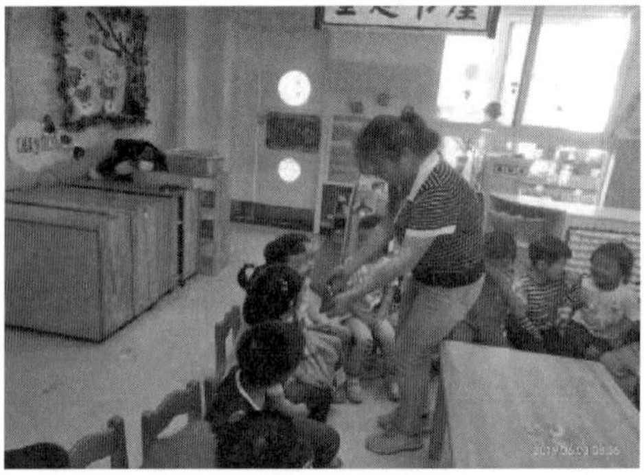

图 5-4

小结：这张粽子叶就是粽子的"衣服"，我们就是用它来包粽子的。粽子叶是绿色的。它有两种，一种是湿湿的，可以直接拿来包粽子；另一种是干的，需要用开水煮一煮，软了之后，再用来包粽子。

（4）马兰草。

教师出示马兰草，引导幼儿认知。

师：你们认识这个吗？

幼：是一种草吧？

小结：这是一种植物，叫“马兰草”，也叫“马莲草”。这种草非常有韧劲儿，不容易断，可以用来捆扎包好的粽子。它刚买来的时候是干的。使用之前，需要把它完全地浸泡在水里，等到它充分吸水、变粗后，就可以用来捆扎包好的粽子了。这种草和粽子一起煮，煮完之后，会散发出一股特别清香的气味。下面，我们一起来学习包粽子吧！

2. 学习包粽子。

教师拿起一片粽子叶，将叶子围成一个漏斗形。先在里面放一颗小枣，再请幼儿放米，一边放米，一边用力按压米，把米压实，这样包出来的粽子更紧实，有咬劲儿。然后，在上面放几颗小枣，用叶子将米和小枣包好，再用马兰草捆上，打好结，系紧。

3. 尝试包粽子。

（1）幼儿分组包粽子，教师巡回指导。

①幼儿分组后，回到自己的座位上。教师在每组桌子上摆放一盆江米、一些粽子叶、一捆马兰草，还有一些小枣，引导幼儿用多种感官感知各种包粽子的材料。

②在教师的指导下，幼儿学习包粽子（图 5-5）。

三位教师每人指导一组，关注幼儿操作情况并及时给予个别指导或者请个别能力强的幼儿帮助其他组员。捆扎粽子时，教师可以根据实际情况给予指导或帮助，重点检查幼儿的粽子是否扎紧、不露馅儿。

图 5-5

（2）煮粽子。

师：粽子包好了。咱们把包好的粽子送到食堂去，让食堂的叔叔、阿姨们帮我们煮一下吧！如果在家里用普通的锅煮粽子，要煮两个小时才行。

4. 品尝粽子。

师：粽子煮熟了，小朋友们可以品尝自己包的粽子了。因为粽子黏黏的，不容易消化，所以小朋友们一定要少吃哦！

（三）结束环节

师：今天，小朋友们认识了包粽子的各种材料，了解了包粽子的方法，体验了包粽子的过程，还吃到了自己包的粽子，是不是很开心啊？回家后，小朋友们也可以和家人一起包粽子。

活动延伸

在美工区，引导幼儿尝试用彩泥制作粽子或者给画好的粽子涂色等。

活动反思

幼儿通过本次活动认识了包粽子的材料，参与了包粽子的过程。虽然他们不能独立完成包粽子的全过程，但是在参与包粽子的过程中也感受到了泡过的江米和干的江米的区别，通过多种感官看、闻、摸来感知粽子的基本特征，如知道了粽子大多是三角形的，粽子叶有淡淡的香味，像青草的味道等。此外，幼儿的生活经验也得以提升，如知道了包粽子的时候要先放一颗枣进去，米就不容易露出来了等。幼儿在包粽子的操作与体验中，感受到了劳动的快乐和端午包粽子习俗的有趣。

活动二　健康领域：龙尾捉捉捉（小班）

教师：刘　静

活动目标

1. 初步知道“龙尾捉捉捉”的游戏玩法。

2. 在尝试与体验中，练习追逐目标跑和肢体协调地躲闪，提高身体的协调能力和快速反应能力。

3. 对传统体育游戏感兴趣，能积极参与体育活动，在运动中体验快乐。

活动重点

初步知道“龙尾捉捉捉”的游戏玩法并积极尝试与练习。

活动难点

在尝试与体验中，能追逐目标定向跑、身体协调地躲闪。

活动准备

1. 经验准备：玩过“老鹰捉小鸡”的游戏。
2. 物质准备：龙尾若干条，龙头、龙尾头饰。

活动过程

（一）导入环节

1. 师幼共同热身，做好游戏前的准备。
2. 体育游戏“老鹰捉小鸡”。

教师引导幼儿玩“老鹰捉小鸡”的游戏，回顾定向捉和快速躲闪的游戏技能。

（二）基本环节

1. 出示材料，引起幼儿参与游戏的兴趣。

师：我这里有龙头和龙尾。今天，小朋友们要变成一条长长的龙，来玩“龙尾捉捉捉”的游戏。一起来听听怎么玩吧！

2. 教师示范并讲解，讲清游戏规则。

师（边讲解边请幼儿做示范）：首先，我们要选出一个小朋友，当做龙头，再选出一个小朋友，当做捉龙尾的人。其他小朋友排成一路纵队，一个接一个地拉着前面人的衣摆，依次接在龙头的后面。

参加人数：幼儿分为两组，每组 8～10 人。

规则：游戏开始时，龙头与捉龙尾者要先进行对话。捉龙尾者说：“我要吃龙头。”龙头说：“龙头有角。”捉龙尾者说：“我要吃龙中。”龙头说：“中间有刺。”捉龙尾者说：“我要吃龙尾。”龙头说：“一拖拖你下水。”两人说完对话之后，捉龙尾者立刻向龙头两边移动跑，寻找捉住龙尾的机会。龙头则千方百计地挡住捉龙尾者。龙身及龙尾一队小朋友要快速地跟在龙头后面移动，以防被捉住。注意龙身不能“脱节”。如果做龙尾的小朋友被捉龙尾者捉住了，要自动退出，等候游戏重新开始。排在龙身最后一个小朋友自然地变成了龙尾，大家继续游戏。

3. 游戏：龙尾捉捉捉

（1）第一次游戏，主班教师当捉龙尾的人，配班教师当龙头，带领幼儿体验游戏，保育教师做好看护。

（2）教师根据幼儿游戏中出现的问题，集体分享与交流，再次明确游戏规则。（重点以躲闪中龙身的安全追跑为主）

（3）师幼再次体验游戏，感受体育游戏的有趣。游戏可以进行 2～3 遍。玩完一遍游戏后，可以根据幼儿身体状况和游戏状态稍加休息。

（4）竞赛游戏：男生、女生大比拼（男生与女生分为两队，体验游戏）。

（三）结束环节

1. 放松活动。

师幼共同坐在休息区，放松和拉伸身体各部位。

2. 收拾与整理材料。

教师带领幼儿共同收拾好游戏材料，整队回教室。

活动延伸

可以创新游戏玩法，如龙头看到龙尾跑不动了，可以原地蹲下，后面的龙身和龙尾也要一起蹲下。捉龙尾者看到龙尾蹲下了，就不能再捉了。

活动反思

孩子们天生喜欢玩游戏，当他们听说要玩“龙尾捉捉捉”的游戏时，都很高兴。只是开始的时候，由于对玩法不熟悉，有些无所适从。游戏之前应提前让幼儿熟悉一下对话和玩法，游戏会进行得顺利一些。经过几轮游戏后，孩子们对游戏对话及玩法熟悉多了。这个游戏是一个集体游戏，需要幼儿之间相互配合。本次活动既锻炼了幼儿的快速躲闪与反应能力，又培养了幼儿团结、合作的精神。孩子们很喜欢参与这个游戏。

活动三　社会领域：端午节习俗（中班）

教师：贾艺鸣　刘　涛

活动目标

1. 了解端午节的名称、来历及相关习俗，知道端午节是中国的传统节日之一。

2. 在吃粽子、划龙舟等有趣的体验活动中，感受端午节特有的习俗。

3. 积极参与活动，进一步感受中国传统节日特有的韵味。

活动重点

知道端午节的由来和相关习俗。

活动难点

知道端午节每个习俗的由来。

活动准备

1. 经验准备：幼儿已初步了解端午节。

2. 物质准备：动画片《端午节的传说》，视频《赛龙舟》，PPT 课件《端午习俗我知道》，粽子、艾草、五彩绳实物。

活动过程

（一）了解端午节的名称及时间

出示粽子实物，引发幼儿兴趣。

师：看，老师今天给你们带来了什么？你们吃过粽子吗？过什么节的时候，我们会吃粽子呢？

小结：端午节是我们中国的传统节日之一，每年的农历五月初五就是端午节。过节时，我们会吃美味的粽子。

（二）了解端午节的来历及相关习俗

1. 观看动画片，了解端午节的来历。

师：你们知道端午节是怎么来的吗？

教师播放动画片《端午节的传说》，引导幼儿观看并提问。

师：刚才的故事说了什么？

小结：屈原是楚国的一位非常有才华的大臣，他特别热爱自己的祖国，老百姓们也非常敬重他。后来，他受到了其他人的污蔑，就连楚王也不相信他，还把他逐出了楚国。楚国也因为没有了忠臣，而被其他国家打败了。屈原知道这个消息后，非常难过，于是，跳进了汨罗江。当地老百姓得知屈原投江的消息，纷纷把江米撒入江中，想要喂饱鱼虾，还有一些人用敲锣打鼓的方式想要把鱼虾吓跑，不让它们伤害屈原的身体。后来，人们就把屈原投江的日子（每年的农历五月初五）定为端午节，以此来纪念伟大的爱国主义诗人屈原。每年端午节，人们会吃粽子、赛龙舟等，以此纪念屈原，形成了端午节的传统习俗。

2. 借助粽子实物，引导幼儿感知端午节吃粽子的习俗。

(1) 结合粽子实物，迁移幼儿已有经验，感知粽子的基本特征。

师：粽子看上去是什么形状的？摸起来有什么感觉？闻起来是什么味道的？快去试试吧！

小结：粽子看上去像三角形，粽子叶摸起来硬硬的，有一股淡淡的草叶香味。

(2) 幼儿分组品尝粽子，进一步体验吃粽子的传统民俗。

师：老师给每组小朋友都准备了两种口味的粽子，请你们猜一猜、尝一尝，看看分别是什么口味的吧！

鼓励幼儿通过闻一闻大胆猜测粽子的口味，边品尝美味边感受与表达，体验端午吃粽子的传统民俗。

3. 赛龙舟，体验端午赛龙舟的快乐。

师：端午节除了吃粽子，人们还会进行一项很热闹的活动——赛龙舟。咱们一起来看看吧！

(1) 教师播放《赛龙舟》的视频，引导幼儿观看，尝试体验并小结。

师：你们会划龙舟吗？龙舟应该怎么划？（请个别幼儿示范划的动作）我们把小椅子摆成龙舟的样子，一起划龙舟吧！

(2) 师幼一起用小椅子摆出龙舟的造型，简单体验划龙舟的传统习俗。

小结：赛龙舟是一项非常健康的体育活动。它特别考验人们的观察与合作能力，大家只有跟着口号、节奏一致地往一个方向划，龙舟才能顺利、快速地划到终点。它不仅能锻炼身体，还能给大家带来比赛的快乐！

（三）了解端午节的其他习俗

引导幼儿自主探索，丰富对端午节其他习俗的认知。

(1) 出示艾草、五彩绳实物，引导幼儿观看、猜想并表达。

(2) 借助 PPT 课件《端午习俗我知道》，丰富幼儿对端午节不同民俗活动的认识。

小结：端午节时，人们还会在门上悬挂艾草，可以驱蚊防虫，祈求健康。五彩绳，又叫“五色丝”，是由红、黄、蓝、白、黑五种颜色的丝线编织而成。人们会在端午节佩戴五色丝线，有辟邪、祈福、纳吉的美好寓意。

活动延伸

幼儿回家后，跟家人分享有关端午节的知识。

活动反思

本次活动是端午节系列活动之一。教师希望通过本次活动，激发幼儿对端午节的兴趣，让幼儿了解端午节的来历，初步了解和体验传统节日端午节的民俗活动，如包粽子、做香包、赛龙舟、挂菖蒲、挂艾草等。

为了让幼儿对活动感兴趣，活动前，教师就给孩子们讲述了有关屈原的故事，以及为什么端午节要包粽子的习俗，孩子们对这些内容都非常感兴趣。活动中，教师准备了两段关于端午节的动画视频和粽子、艾草、五彩绳等实物，引导幼儿观看视频和实物，加深幼儿对端午节的印象。教师利用幼儿熟悉的粽子导入活动，使幼儿能积极地与教师互动。

活动四　科学领域：趣味腌蛋（大班）

教师：郭小敏

活动目标

1. 了解鸭蛋的营养价值，知道端午节吃咸鸭蛋的寓意。
2. 能用“黄泥腌制法”腌制咸鸭蛋。
3. 体验动手腌制咸鸭蛋的乐趣。

活动重点

了解鸭蛋的营养价值，知道端午节吃咸鸭蛋的寓意。

活动难点

能用“黄泥腌制法”腌制咸鸭蛋。

活动准备

1. 经验准备：已搜集并了解了黄泥腌蛋的方法及过程。

2. 物质准备：生鸭蛋（实物）、咸鸭蛋（实物）、白酒、食盐、香料、一次性手套、筛子、干黄泥若干、凉白开（水）、透明密封罐，视频《端午吃咸鸭蛋的习俗由来》，用鸭蛋制作的美食图片。

活动过程

（一）观看视频，导入活动

教师播放视频《端午吃咸鸭蛋的习俗由来》，引导幼儿观看并提问。

师：你们在端午节时吃过咸鸭蛋吗？端午节吃咸鸭蛋有什么寓意？

（二）基本环节

1. 认识鸭蛋

（1）出示实物生鸭蛋和咸鸭蛋，引导幼儿观察生鸭蛋和咸鸭蛋内、外部的特点。

（2）出示用鸭蛋制作的美食图片，引导幼儿了解鸭蛋的营养价值。

2. 制作咸鸭蛋

（1）洗、晾鸭蛋。

师：洗鸭蛋的过程中，需要注意什么？

师：鸭蛋易碎，注意轻拿轻放，避免磕碰。洗完鸭蛋后，要将鸭蛋自然风干。

（2）和黄泥。

①筛黄土。

幼儿分组，合作将买来的干黄土碾碎，用筛子筛一筛，留下细小颗粒的黄土。

②和泥，加料。

各组幼儿戴上一次性手套，将筛出来的干黄泥放进盆里，加入适量的盐、白酒、香料和凉白开（水），用手搅拌均匀。

（3）裹黄泥。

各组幼儿将晾干的生鸭蛋裹上一层黄泥，给鸭蛋轻轻地“按摩”。

（4）鸭蛋入坛。

各组幼儿将裹好黄泥的鸭蛋装入透明密封罐里，选择阴凉的地方存放。

（三）结束环节

引导幼儿用气泡图的方式记录咸鸭蛋的腌制过程，并分享制作咸鸭蛋的感受。

活动延伸

引导幼儿给本组制作的咸鸭蛋起名字并制作标签牌。

活动反思

咸鸭蛋的制作是端午节的传统习俗之一，属于饮食文化，凝聚了先人的智慧。本次活动设计在端午节前制作咸鸭蛋，通过洗晾鸭蛋、和黄泥、裹黄泥、鸭蛋入坛等步骤腌制咸鸭蛋。幼儿通过腌制咸鸭蛋的劳动过程，既锻炼了动手能力，培养了与同伴相互配合的合作精神，又体验了中华民族传统节日饮食文化的魅力，增强了民族自豪感。

活动五　科学领域：神奇的艾草（大班）

教师：沈晓宇

活动目标

1. 观察、感知、认识艾草，了解其基本特征和生长环境。

2. 通过多感官感知、体验、表达、记录，大胆探究艾草的多种用途，感受艾草的神奇及其与人们健康生活的关系。

3. 积极参与科学探究活动，进一步了解“端午悬艾”的传统习俗，萌发对艾草的兴趣。

活动重点

了解艾草的基本特征、生长环境及用途。

活动难点

通过多感官感知、体验、表达、记录，探究艾草的多种用途，感受艾草与人们健康生活的关系。

活动准备

1. 经验准备：家长带领幼儿采摘过艾草或利用多媒体等途径初步了解过艾草；看得懂记录单，并有过记录的相关经验。

2. 物质准备：班级提前创设好与端午节相关的环境、艾草图片（包括局部特写）、PPT 课件《神奇的艾草》、艾草实物若干、记录单、笔。

活动过程

（一）谈话导入

1. 观察、猜测、表达，初识艾草。

师：端午节到了，咱们班的门口和窗边挂上了什么？谁来说一说？

2. 鼓励幼儿大胆表达，引出有关艾草的话题。

小结：小朋友们的眼睛真亮！挂艾草是端午节传统习俗之一。艾草又叫“艾蒿”“医草”“五月艾”等，它长在路旁的草地上。

（二）认识艾草

1. 多感官感知艾草。

教师展示有关艾草的图片和实物，引导幼儿运用多种感官感知艾草，观察并简单记录其外形特征。

师：请你们说一说，艾草是什么颜色的？闻一闻，它是什么味道的？它的叶子像什么？

引导幼儿根据提问大胆讲述自己观察与发现的结果。

2. 记录艾草基本特征。

幼儿分组，自主探究艾草，通过多种感官感知并记录艾草的基本特征。

师：每个小组的桌子上都有一株艾草和一张记录单。现在，请你们回到座位上，去看一看、闻一闻、摸一摸艾草。最后，把你们的观察和发现都画下来吧！

幼儿运用多种感官感知艾草并记录自己的发现。教师巡回指导，关注幼儿的观察、记录与表达。

3. 分享与总结。

（1）请个别幼儿在集体面前分享记录单。教师结合艾草实物，再次梳理、总结艾草的基本特征。

师：小朋友们都很棒！老师这里也有一株大大的艾草，我们再来一起仔细地认识一下它吧！

（2）教师借助图片，从下至上有顺序地梳理、总结艾草的基本特征。

师：艾草是多年生草本植物。它长长的茎上有灰白色的软毛，从茎的中间往上开始出现分枝。叶子为单叶，像羽毛的形状，叶子的边缘有锯齿形。叶子的正面是暗绿色的，叶子的背面是灰绿色的。

（三）艾草的多种用途

1. 艾草的生活价值。

教师借助 PPT 课件《神奇的艾草》，与幼儿进行讨论、交流，引导幼儿生动、形象地了解艾草的多种用途。

师：端午节为什么要挂艾草呢？艾草有什么味道？

重点引导幼儿结合味道进行表达，说出艾草有一种特殊的气味，蚊虫都不喜欢这个味道。因此，艾草具有驱蚊虫的效果。

小结：每到端午节，按照民间传统习俗，家家户户的门前都会挂上艾草。艾草的味道可以驱蚊蝇、虫蚁，净化空气。因此，端午节也叫"卫生节"。夏天的傍晚，当我们在院子里乘凉时，可以点燃晒干的艾草，它散发出来的烟雾气味很大，可以把蚊子熏跑。

2. 艾草的医用价值。

师：神奇的艾草还有哪些本领呢？我们一起来看看吧！

小结：艾叶还是一种抗菌、抗病毒的药物，它能抑制、杀死好多病毒和细菌，具有镇咳、祛痰和止血的作用。用艾叶泡澡或者泡脚能祛寒。

3. 艾草的食用价值。

师：艾草可以吃吗？可以怎样吃？

鼓励幼儿大胆猜想并表达。

小结：艾草有很多种吃法，比如，可以泡茶、煮汤、用艾草的汁做青团等。它能增强身体的抗病毒能力！

活动延伸

鼓励幼儿自制艾草宣传画，向身边的人宣传艾草的作用。

活动反思

本次活动重点引导幼儿在多感官感知、体验、表达与记录的过程中丰富对艾草的全方位认知，在观察并了解艾草的基本特征和生长环境后，大胆地探究艾草的多种用途，感受艾草与人们健康生活的关系。孩子们在活动中能积极观察、大胆表达自己的发现，通过教师梳理、总结丰富关于艾草的认知，拓宽自己的生活经验，在体验活动中进一步感知"端午悬艾"的传统习俗，感受中华民族传统节日文化的魅力，增强民族自豪感。

第六章　中 秋 节

天高云阔，秋凉宜人。中秋节是我国的传统节日之一，它代表着团圆、吉祥。恰逢中秋来临之际，孩子们时不时地会问：“老师，为什么要过中秋节？”“老师，中秋节一定要吃月饼吗？”“老师，月饼是怎么做的？”看到孩子们很有兴致地谈论着有关中秋节的话题，我们追随孩子们的兴趣，组织了一系列活动，引导幼儿了解中秋节这一传统节日，学到有关中秋节的习俗小知识，开展吃月饼、猜灯谜、赏月等活动，将礼仪教育、德育渗透到每个环节中，传承中华优秀传统文化，培养孩子们的爱国主义情感，引导幼儿共同探究、体验、感受传统节日的魅力。

第一节　园级活动

一、活动背景

中华民族有着五千年的悠久历史，积淀着浓郁的东方文化底蕴。文化是民族延续的根本，而传统节日正是民族文化传承下去的重要载体。

中秋节是我国的传统节日之一，它代表着团圆与吉祥，为了让幼儿更好地了解中秋节的来历和习俗，学习并弘扬相关的传统文化，我们设计并开展了一系列有关中秋节的活动，如演唱有关中秋节的歌曲、品尝美味的月饼、猜灯谜等。这些活动符合幼儿年龄特点和认知特点，且活动内容贴近幼儿生活，他们对此有一定的生活经验，也非常感兴趣。这些活动具有特殊的教育价值，能让幼儿通过感受中秋节的氛围、体验中秋节的习俗，在潜移默化中传承中华民族的传统文化。

二、活动目标

（一）了解中秋节的来历，知道中秋节各地不同的习俗，明白中秋节是我国传统节日之一，是亲人团圆的节日。

（二）通过品尝月饼、赏月、学习和欣赏有关中秋的歌曲等活动，体验传统节日的快乐，感受与亲人团聚、共度良宵的美好情感。

（三）通过与家人一起过中秋节，激发幼儿热爱家庭的情感，体会家庭的温暖、生活的幸福。

（四）学习制作月饼的方法并动手制作。

（五）体验与家人分享月饼、共度中秋的快乐情绪。

三、活动准备

（一）环境创设

地　　点	内　　容	时　　间	负 责 人
音体室	嫦娥奔月	9 月第一周	保教主任
大厅	中秋展板	9 月第二周	后勤主任
班级节日主题墙	中秋作品	9 月第三周	班级教师

（二）物料准备

泡沫手工板、中秋节展板、制作月饼的材料、PPT 课件《中秋节》、嫦娥服装及头饰、小兔子（实物）、灯笼及灯谜纸条、有关中秋节的诗词、汉服、彩色笔、白纸等。

（三）安全措施

制作食品安全类的提示展板；准备一次性手套、保鲜膜等材料；设置食品安全员，对食材进行安全把控，保证食材的新鲜及安全。

四、活动内容

（一）玉兔迎中秋

幼儿和嫦娥姐姐（教师扮演）（图 6-1）互动，一起知中秋、悦中秋、庆中秋、品中秋，了解中秋节的来历及全国各地有关中秋节的一些风俗、习惯（图 6-2），通过提问（图 6-3），如“你知道中秋节是怎么来的吗？你知道我们为什么要过中秋节吗？中秋节，人们会做哪些事情？你喜欢吃什么馅儿的月饼呢？为什么月饼是圆圆的呢”等，引发幼儿积极思考，师幼共同感受集体庆祝中秋节的快乐（图 6-4），让幼儿学会关心身边的人，加深幼儿对中秋节这一传统节日的认知和体验，感受我国传统文化丰富的内涵及形式。

图 6-1

图 6-2

图 6-3

图 6-4

（二）猜灯谜

在中秋团圆的日子里，班级教师和孩子们通过各种活动感受浓浓的中秋情。幼儿园里挂起了好看的灯笼（图 6-5），还设计了有趣而赋有挑战性的灯谜，通过中秋赏月、猜灯谜等传统民俗活动，激发幼儿猜灯谜的兴趣，初步尝试按照谜面内容猜出灯谜。教师将写有灯谜纸条的灯笼挂在幼儿园的户外长廊里（图 6-6）。幼儿观看灯笼下悬挂的灯谜（图 6-7），和同伴一起猜灯谜（图 6-8），在猜猜、问问中体验猜灯谜的乐趣。灯谜激发了幼儿的探究兴趣，让他们在互动与分享中成长，在讨论与猜谜中不断思考，共同感受中秋节的传统习俗——猜灯谜。

图 6-5

图 6-6

图 6-7

图 6-8

（三）做月饼

每逢中秋佳节，中国人民大学后勤集团的厨师们一大早就准备好月饼皮和馅料来到幼儿园。他们先是带领孩子们了解制作月饼的材料和工具（图 6-9），细心示范并讲解做月饼的方法，耐心指导孩子们（图 6-10）动手制作月饼。孩子们通过擀皮、包馅、滚圆、压模等步骤（图 6-11），享受自己动手制作月饼带来的乐趣和成就感。孩子们通过亲身体验、实际感知、动手操作，在擀皮、塞馅儿、团圆、压模的过程中学会了制作月饼（图 6-12）。最终，他们会带着自己亲手制作的“人大”牌月饼回家，与家人共同品尝月饼，分享自己的劳动成果。家长们也能感受到团聚的喜悦、团圆的幸福、团结的力量。

图 6-9

图 6-10

图 6-11

图 6-12

（四）中秋童谣与手指谣

又到中秋月明时，大人们总是习惯性地想起儿时传唱童谣的情景。很多中秋节的童谣，孩子们的父母也会唱，这些都是从长辈的口中传下来的，也是儿童的启蒙歌谣。现在，我们更要传承经典童谣。各班教师组织孩子们一起唱着中秋节的儿歌（图 6-13），给孩子们讲述关于月饼的故事，讨论关于月亮的传说，创编并表演有创意的中秋节童谣（图 6-14），共同感受浓浓的中秋节日气氛。这些童谣也符合小班幼儿年龄特点，有趣又难度适中。幼儿在朗诵中秋童谣的过程中，体验着中秋节的传统文化，表达着自己的情感。

图 6-13

图 6-14

（五）中秋古诗里的故事

幼儿通过了解中秋古诗的意思，分享听完古诗的感受，借助画古诗、演古诗等方式，与同伴分享思念亲人时会做些什么，讨论古诗中的中秋习俗，感受浓浓的中秋情，了解中秋节不仅是一个传统节日，更是一家人团圆和庆祝丰收的日子。这一天，月亮是圆圆的，月饼是圆圆的，全家人也是团圆的。古诗中的中秋带给孩子们浓浓的书香气，彰显中华民族传统文化的博大精深。幼儿运用肢体动作表演古诗（图 6-15），诠释自己对古诗的理解，表达古人过中秋节时的心情（图 6-16），感受中华传统美德的深刻内涵。孩子们通过赋有感染力的古诗表演活动，让情感得到升华，行为得到内化，提升了自身传统文化与道德素养。最后，师幼还互相送上了美好的祝福。这次活动就在浓浓的诗韵和祝福声中结束了。孩子们学习了有关中秋节的传统知识和习俗，在古诗的熏陶下，通过画古诗（图 6-17、图 6-18）的活动，加深了对中秋节的认识，学会了重视友情、亲情，理解了“团聚、团圆”在中华民族文化中的特殊意义，从而更加珍惜眼前所拥有的幸福生活，感受到中华民族传统文化的悠久历史，传承着中华民族精神和传统美德。

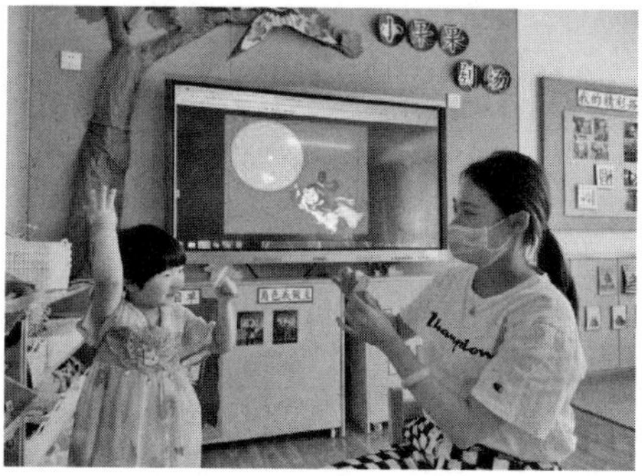

图 6-15

图 6-16

图 6-17

图 6-18

（六）中秋舞蹈

孩子们穿着汉服，欣赏教师带来的传统古典舞蹈《明月几时有》（图 6-19），感受古典舞蹈的艺术表现形式，并积极参与到活动中来。他们怀着激动的心情，翩翩起舞（图 6-20），通过柔美的舞蹈动作表现中秋节传统节日文化，做一些嫦娥奔月的动作及象征团圆的动作（图 6-21、图 6-22），通过歌舞、器乐合奏等艺术表现形式突显中秋节艺术的多元化。在中秋音乐与舞蹈的艺术氛围中，师幼共度中秋佳节，表达节日的美好祝福与情感寄托，体验古代汉服与传统节日“碰撞”的美。

图 6-19

图 6-20

（七）情景剧《嫦娥奔月》

教师引导幼儿通过表演《嫦娥奔月》的故事（图 6-23），观看嫦娥奔月的场景，了解与中秋节有关的神话、传说，亲身感受中秋节团聚的意义。在情景剧表演的活动中（图 6-24），孩子们一起动手制作道具、一起尝试表演、一起

图 6-21

图 6-22

思考角色之间的对白，体会着表演的乐趣，也加深了对中秋节这一传统节日的了解，为大家送上中秋祝福，体会这份节日的快乐，度过一个幸福的中秋节。

图 6-23

图 6-24

（八）中秋节的手工制作

教师组织幼儿唱着中秋节的儿歌，一起画月饼（图 6-25）、用彩泥捏月饼、制作兔子花灯及漂亮又有创意的中秋节手工作品（图 6-26），表达中秋节夜晚天空的美景与一轮明月的美好，共同展现中秋节的美，用艺术的方式直观地表现嫦娥、玉兔及月宫的美好（图 6-27），这种美好也为幼儿今后的审美打下了基础。从本次活动的开展情况来看，幼儿对中秋节传统节日的手工制作感兴趣，知道了中秋节的人们盼望团圆、画出来的月亮是圆的等细节。教师引导幼儿在中秋节时可以送给爸爸、妈妈自己制作的礼物（图 6-28）。

图 6-25

图 6-26

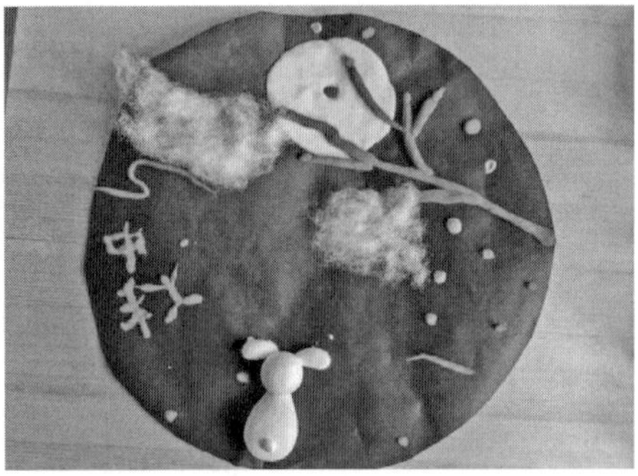

图 6-27

图 6-28

(九) 探秘月亮

教师通过提问，如“你们在赏月的过程中发现月亮有什么变化？关于月亮，你们有什么问题要问吗？看到月亮时，你们会想到什么？月亮是怎样变化的（图 6-29）？为什么会发生变化？月亮上有什么？月亮上真的有嫦娥吗”等，能引发幼儿对月亮的思考，想要了解嫦娥工程、中国探月的情况，可以和幼儿聊一聊对月亮的畅想（图 6-30）。活动中，幼儿和家长一起了解中国的探月工程（图 6-31）及探月的嫦娥卫星。关于月亮，有很多动人的传说，好奇的孩子们从了解故事里的嫦娥开始，画出嫦娥走进探月工程的想象画（图 6-32），相信航天梦一定会在孩子们的心中生根、发芽。将来，他们一定能实现心中的梦想。

图 6-29

图 6-30

图 6-31

图 6-32

五、活动安排

时间	内　容	家园共育	负责人
9 月第一周	活动一：玉兔迎中秋 1. 中秋节是一个和月亮有关的节日 2. 你知道中秋节是怎么来的吗	与家长分享“玉兔迎中秋”活动的照片与视频	保教主任 年级组长
9 月第一周	活动二：猜灯谜 1. 你选了一个什么灯谜 2. 你是怎么猜出来的	将灯谜分享到家长群中	保教主任 小、中、大班组 全体教师
9 月第一周	活动三：做月饼 1. 你知道怎么做月饼吗（面团揉圆、压扁、包馅、团圆、压模） 2. 你喜欢做月饼吗	幼儿将做好的月饼带回家，与家人分享并拍照留念	后勤主任

（续）

时间	内　容	家园共育	负责人
9月第一周	3. 你做的月饼都是什么馅儿的 4. 你想和谁一起分享你做的月饼呢		
9月第一周	活动四：童谣《中秋节》 1. 通过朗诵童谣的方式了解中秋节的习俗 2. 录制幼儿朗诵童谣视频，传承中秋文化	将小班幼儿朗诵《中秋节》童谣录制成视频，引导家长向幼儿学习童谣和相应的手势	小班教师
9月第二周	活动五：过中秋 1. 你知道我们为什么要过中秋节吗 2. 中秋节，我们会做哪些事情呢 3. 为什么月饼是圆圆的	家长与幼儿一起了解中秋习俗，感受中秋节团圆、温馨的节日氛围	小班教师
9月第二周	活动六：月宫诗会 1. 了解有关中秋古诗的意思 2. 说说你听了中秋古诗的感受 3. 画古诗、演古诗 4. 你想亲人的时候会做什么呢	提前让家长和幼儿共同收集、了解与中秋节相关的古诗，互相分享、朗读	中班教师
9月第二周	活动七：我给家人送祝福 1. 采用多种形式表达对家人的爱 2. 用语言或手工作品跟家人分享中秋的快乐	通过中秋祝福视频、手工作品、演唱祝福歌曲等，与家长互动	大班教师
9月第二周	活动八：我心中的航天英雄 1. 你们都见过火箭吗？你们看的时候发现了什么 2. 关于航天，你们想要了解哪些方面 3. 了解嫦娥工程、中国探月，了解嫦娥五号	与家人一起观看与航天有关的视频，了解中国的航天英雄	大班教师

第二节　班级活动

活动一　语言领域：童谣《中秋节》（小班）

教师：赵惟钰

活动目标

1. 根据情景图片和图谱理解童谣《中秋节》的内容。

2. 会说童谣《中秋节》，要求吐字清楚、准确，能根据童谣内容创编手势进行表现。

3. 愿意在集体面前大胆展示，喜欢参与中秋节的童谣活动。

活动重点

能根据图片理解并讲述童谣内容。

活动难点

能清晰地朗诵童谣并配上相应的手势，愿意在集体面前展示自己。

活动准备

1. 经验准备：幼儿园开展过“嫦娥、玉兔进班级”“制作月饼”的活动，知道中秋节的传统故事，会通过简单的手势进行表演。

2. 物质准备：月亮盈、亏时的图片，与童谣《中秋节》有关的情景图片，童谣《中秋节》图谱，童谣《中秋节》的伴奏音频。

活动过程

（一）导入环节

出示月亮盈、亏时的图片，引导幼儿观察平时的月亮与中秋满月的区别。

师：中秋节到了，有一件非常神奇的事情，请小朋友们仔细观察，中秋节的月亮和平时的月亮有什么不同之处？

小结：我们都听过“十五的月亮十六圆”，中秋节是农历八月十五，但要到第二天农历八月十六日月亮才会更圆。

师：在这个圆圆的月亮里住着什么人？发生了什么事情呢？小朋友们跟着老师一起去寻找答案吧！

（二）基本环节

教师出示与童谣《中秋节》相关的情景图片，引导幼儿根据图片猜测童谣内容，并设计手势。

（1）出示情景图片一。

①师：小朋友们，在什么样儿的月亮上看到了什么？

②请幼儿自由讨论，并根据幼儿的回答梳理童谣句子“月亮上面有神仙”。

（2）出示情景图片二。

①师：小朋友们从图片里都看到了谁呀？

②请个别幼儿回答，并根据幼儿的回答梳理童谣句子“玉兔嫦娥住里边”。

（3）出示情景图片三。

①师：小朋友们在图片里看到了什么场景？

②请个别幼儿回答，并根据幼儿回答梳理童谣句子“桂花树下荡秋千”。中秋节赏桂花是从古代就有的传统习俗，桂花预示着美好和吉祥。而这些场景都是中秋节的神话故事里才有的。

（4）出示童谣《中秋节》图谱，加深幼儿对童谣的理解。

①教师边说童谣边指着相应的图谱，引导幼儿将图谱与童谣相对应，加深对童谣内容的理解。

②播放童谣《中秋节》伴奏音频，集体看着图谱进行朗诵。

（三）结束环节

1. 引导幼儿为童谣设计简单的手势，鼓励幼儿根据图谱内容讨论并设计相应的动作。

师：你们觉得做什么手势可以表现图谱上的内容呢？

2. 教师梳理、总结幼儿讨论并设计的动作，听取大家的意见，确定童谣的手势。

3. 教师播放童谣《中秋节》伴奏音频，引导幼儿共同朗诵童谣，并配上手势，鼓励幼儿大胆表现。

4. 幼儿分为男、女生两组，分别在集体面前展示自己，在宽松、愉悦的童谣展示中结束本次活动。

附童谣：

中　秋　节

月儿圆，月儿圆，
月亮上面有神仙，
玉兔嫦娥住里边，
桂花树下荡秋千，
中秋时节能看见。

活动延伸

1. 请幼儿回家后，给家人朗诵童谣《中秋节》并配上相应的手势。

2. 教师引导幼儿在过渡环节及散步环节中朗诵童谣，加深对童谣内容的记忆。

活动反思

幼儿对于童谣《中秋节》的情景图片及图谱比较感兴趣，能借助这些理解并记忆童谣，通过对画面的理解，猜想出对应的童谣内容，并尝试设计手势来表达自己对童谣的理解。同时，锻炼了他们的想象力、创造力和记忆力。活动过程中，孩子们都能积极、主动地回答问题。教师也为他们创造了更多自由讨论的机会，引导他们体验语言交往的乐趣。

平时，教师还要多开展相关的语言活动，引导幼儿阅读并感受不同体裁的儿童文学作品，激发幼儿的阅读兴趣。同时，引导语言能力强的幼儿仿编童谣，增加活动的挑战性和趣味性。

活动二　语言领域：过中秋（小班）

教师：唐秀丽

活动目标

1. 知道每年农历八月十五是中秋节，初步了解中秋节相关的习俗和传说。

2. 能大胆地用完整的句子表达自己对中秋节的理解。

3. 通过“猜灯谜”的游戏，激发幼儿对中秋节的期待。

活动重点

了解中秋节是我国的传统节日之一，初步了解中秋节的来历与传说。

活动难点

能大胆地用完整的句子讲述庆祝中秋节的活动过程，并对中秋节的活动有所期待。

活动准备

1. 经验准备：幼儿有过和家人一起庆祝中秋节的经历。

2. 物质准备：魔术袋、月亮及月饼模型、视频《中秋节的传说》、PPT 课件《我们家的中秋节》。

活动过程

（一）导入环节

1. 教师扮演魔术师，请每个幼儿摸一摸自己的魔术袋，根据形状来猜一猜里面有什么。

2. 教师将魔术袋里的月亮模型和月饼模型分别拿出来。

3. 教师提问，引发幼儿对中秋节的关注。

师：月亮、月饼和哪个节日有关？我们什么时候会吃月饼？月亮什么时候最圆？

（二）基本环节

1. 了解中秋节是哪一天，感受中秋节月亮的形状。

师：中秋节是哪一天？这天晚上，月亮是什么形状的？

幼儿讨论并回答问题，教师进行指导。

小结：中秋节是我国的传统节日之一。每年农历八月十五就是中秋节，是秋季的中期，被称为“中秋节”。中秋节这一天的月亮又大又圆，象征着团圆与美好。因此，中秋节也叫“团圆节”。

2. 有关中秋节的传说。

教师播放视频《中秋节的传说》，请幼儿思考：谁住在月亮上？为什么？

小结：嫦娥为了不让坏人抢走仙丹，只好吃下仙丹，飞到了月亮上。人们知道了这件事，就准备了嫦娥爱吃的食物和点心，对着月亮祭拜嫦娥，希望后裔和嫦娥早日团圆，同时也希望自己的家人平安、健康。这一天就是农历八月十五，被称为“中秋节”。

3. 怎么过中秋节？

（1）教师提问，引发幼儿思考怎么过中秋节。

师：中秋节这一天，我们要做哪些事情？怎么过中秋节呢？

幼儿举例说明或者把自己以往过中秋节的经历讲给教师和其他幼儿听。

（2）教师出示 PPT 课件《我们家的中秋节》，请幼儿观察，说一说图片上的人都在做什么、为什么要这样做。

小结：课件《我们家的中秋节》主要讲述了一家人团聚在一起，共度中秋佳节。爸爸、妈妈在制作月饼，哥哥和妹妹在制作花灯，大家一起欣赏月亮。中秋节是一个团圆的节日。在中秋节这一天，家家户户都会团聚在一起，吃月饼、赏月、做花灯、猜灯谜、赏桂花、吃桂花糖等，借此庆祝中秋节。每年的中秋节，人们都会做这些事情，这就是中秋节的习俗。

（三）结束环节

1. 玩“猜灯谜”的游戏，共同感受中秋节的游戏氛围。

（1）教师将所有幼儿分为两组。请幼儿为自己的小组起一个好听的名字。

（2）教师讲解游戏规则。教师说出谜语的谜面，发出“3、2、1，开始”的口令后，猜到谜底的幼儿可以举手。教师请第一个举手的小朋友说出答案。如果该名幼儿答对了，给他所在的小组加一分，答错不计分。最终，统计两组的成绩，以得分多的为胜。

2. 教师小结，激发幼儿对中秋节的期待。

小结：我们了解了中秋节的来历与习俗，还一起玩了“猜灯谜”的游戏。现在，大家对中秋节是不是有了更全面的了解？让我们一起期待中秋节的到来吧！

活动延伸

1. 教师在语言区投放有关中秋节的传说及习俗图片，引导幼儿看图说一说自己了解的中秋节，加深幼儿对中秋节的印象。

2. 请家长带领幼儿在中秋节的夜晚赏月，给幼儿讲述中秋节的其他传说，如《吴刚伐桂》《玉兔捣药》等。

活动反思

本次教学活动为语言领域，主要让幼儿了解中秋节的传说、习俗，知道中秋节是我国的传统节日之一。活动中，教师引导幼儿通过观看《中秋节的传说》视频快速融入活动，初步了解中秋节的来历。活动中的“猜灯谜”游戏环节，幼儿参与度较高，体验到了既有一定的挑战性又让人感觉愉悦、有趣的中秋节习俗。

附谜语：

谜语一

耳朵长，尾巴短，
只吃菜，不吃饭。
——谜底：兔子

谜语二

尖尖嘴，细细腿，
狡猾多疑拖大尾。
——谜底：狐狸

谜语三

千条线，万条线，
掉进水里看不见。
——谜底：雨

谜语四

你哭它也哭，你笑它也笑。
脸上脏不脏，看它就知道。
——谜底：镜子

谜语五

弯弯一座彩色桥，高高挂在半山腰。
七色鲜艳真正好，一会工夫不见了。
——谜底：彩虹

活动三　语言领域：月宫诗会（大班）

教师：张　丹

活动目标

1. 能够在活动中大胆地想象，并用语言描述自己听到、感受到的诗歌内容。

2. 愿意在活动中大胆地吟诵自己收集到的、带有“月”字的古诗诗句。

3. 通过在游戏中欣赏、吟诵古诗，感受诗词的韵律美与意境美。

活动重点

能够在活动中大胆地想象，并用语言描述自己听到、感受到的诗歌内容。

活动难点

敢于在活动中大胆地吟诵自己知道的、带有“月”字的古诗诗句。

活动准备

1. 经验准备：幼儿曾经多角度地观察过月亮，具有赏月的经验；听过《嫦娥奔月》的神话故事，了解故事中的人物、情节与内容；幼儿与家长提前收集并整理了带有“月”字的古诗诗句。

2. 物质准备：动画视频《美丽的月宫》、古诗歌曲《古朗月行》、依据古诗内容排演好的情景剧《古朗月行》。

活动过程

（一）导入环节

教师带领幼儿跟随古诗《古朗月行》的音乐做律动动作，简单感受古诗的意境，初步了解古诗内容。

师：小朋友们，你们从歌曲里听到了什么？

（二）基本环节

1. 观看情景剧《古朗月行》的表演，聆听古诗内容。

（1）教师通过提问，帮助幼儿感受并理解古诗《古朗月行》的前四句内容。

师：小朋友们看到情景剧中的小主人公在他还不认识月亮的时候，把月亮叫作什么？

师：你们观察过月亮吗？如果让你来形容月亮是什么样子的，你会怎么说？

（2）鼓励幼儿通过回忆以往看到的月亮，从不同的角度描述自己见过的月亮。

师：情景剧中的主人公有什么疑惑呢？

2. 讨论并想象美丽的“月宫”，感受古诗《古朗月行》的后四句内容。

师：小朋友们可以猜想一下，月亮上有什么？谁能用优美的语言来描述一下，你想象中的月宫是什么样儿的？

鼓励幼儿大胆想象，并用语言对自己想象中的美丽月宫进行描述。教师帮助幼儿丰富想象内容，用完整的语言进行描述。当幼儿描述到诗词中的情境时，教师完整地朗诵该诗句。

3. 教师结合古诗内容，通过动作表演带领孩子们再次感受诗词内容及古诗的意境美。

（三）结束环节

游戏：畅游月宫。

教师设置游戏情境“月宫”，邀请幼儿通过视频游览月宫。每到一处，需要孩子们吟诵出描述该场景的、带有“月”字的古诗诗句，才能开启下一站游览的大门。教师带领幼儿进行一次月宫诗旅。

师：欢迎小朋友们到月宫游玩。在这里，你们将欣赏到美丽的月宫，沿途会有许多的景点。每到达月宫中一处新的景点参观时，需要邀请一位小朋友大胆地吟诵一句带有“月”字的古诗词，借此开启通往下一站的旅程。

视频场景：银河星空——月宫大门——桂花仙子——玉兔之家——嫦娥行宫。教师在设置路线的过程中可以再现古诗《古朗月行》的情境，并结合多首古诗中的场景，丰富孩子们对诗词的感受，通过游览月宫调动孩子们吟诵古诗的兴趣。

活动延伸

1. 教师带领幼儿从带有“月”字的古诗诗句入手，欣赏更多优美的古诗词。同时，运用绘画表征等方式引领幼儿更好地表达自己所感受到的诗词意境。

2. 教师和孩子们一起创编《月亮上的故事》，培养孩子们的想象力和创造力。

活动反思

孩子们在此活动中能积极地跟随教师提出的问题进行思考，运用语言对自己观察到的月亮进行描述。在孩子们的口中，月亮有了更多优美的名字，如“云月”“格格”“白船”……同时，孩子们在情境游戏的引导下对月宫展开了丰富的想象，并进行了细致的描述，进一步感受古诗《古朗月行》的诗词内容及意境。

在“畅游月宫”的游戏环节中，幼儿用带有“月”字的古诗诗句作为开启下一站游览之旅的“入场券”，更好地激发了孩子们吟诗的兴趣。孩子们在课件的引领下，开启了一个又一个充满期待的情境，感受到古诗词中关于“月”字诗句的美好意境。

活动四　社会领域：我给家人送祝福（大班）

教师：王诗瑾

活动目标

1. 知道中秋节表达了人们渴望阖家团圆的美好愿望及思乡、思亲的情感。
2. 能用多种方式表达对家人的爱，给家人送上节日的祝福。
3. 通过活动进一步感受家的温暖，抒发浓浓的爱家之情。

活动重点

能用多种方式表达对家人的爱与节日的祝福。

活动难点

通过活动进一步感受家的温暖，抒发浓浓的爱家之情。

活动准备

1. 经验准备：已经知道中秋节的由来。
2. 物质准备：诗歌《家是什么》PPT 课件、白板、彩纸、剪刀、胶棒、画笔、垃圾盒、手机、轻音乐等。

活动过程

（一）导入环节

1. 谈话导入，引导幼儿了解中秋节是人们思念家乡、思念亲人、盼望与家人团圆的日子。

师：通过之前的活动，我们对中秋节有了初步的了解。小朋友们，你们觉得每到中秋节，人们会产生什么样的情绪？

师：那什么是家呢？

2. 教师播放诗歌《家是什么》PPT课件，引导幼儿欣赏诗歌，萌发爱家的情感。

师：你们从诗歌里听到了什么？

小结：妈妈用勤劳的双手把家整理得十分干净、漂亮，让家人感到温暖。爸爸用结实的肩膀撑起一把保护伞，为一家人遮风挡雨，让家人享受幸福和快乐。因此，诗歌中说“家是妈妈温暖的手，是爸爸宽阔的肩膀”。

（二）基本环节

1. 引导幼儿根据自己的感受说说家是什么，感受家的温暖。

师：除了诗歌里说的家，你感觉家还是什么？

小结：家是……（幼儿语言）家是……（幼儿语言）爸爸、妈妈、爷爷、奶奶都爱你们，你们也爱他们。

2. 用多种方式表达对家人的爱，送出中秋节的祝福。

师：小朋友们，刚刚我们一起说了自己对家及家人的爱。马上就要到中秋节了，你们准备用什么方式来表达对家人的爱与节日祝福呢？

请几名幼儿分别讲述。教师根据幼儿讲述在白板上画出相应的场景，最后进行梳理、总结。

小结：小朋友们，你们的祝福形式真是丰富多彩！我们可以用绘画的方式画出自己喜欢的作品，送给家人；我们可以用动听的歌声、美丽的舞蹈表达对家人的爱与祝福；我们可以通过写信或制作贺卡把想说的话写下来，送给家人；我们可以制作精美的手工作品，作为礼物，送给家人；我们可以通过录制视频的方式把自己想对家人说的话录下来，发送给他们。虽然你们送出祝福的方式多种多样，但都是在表达你们对家人的爱。

（三）结束环节

1. 教师播放轻音乐，引导幼儿选择自己喜欢的表达方式给家人送祝福。

2. 全班幼儿分为五个组，分别是绘画组、手工制作组、写信贺卡组、歌舞表演组、视频录制组，引导幼儿根据表达方式的不同，自主选择不同的组，进到组内，开展相应的活动。

3. 教师在每组的桌子上摆放相应的材料和工具，说明每组幼儿需要注意的事项。

（1）绘画组、手工制作组、写信贺卡组注意事项：

①用完的材料和工具放回原位。

②垃圾及时放进垃圾盒里，保持桌面整洁。

（2）歌舞表演组、视频录制组注意事项：

①配班教师和保育教师负责给幼儿录制视频。

②需要录制视频的幼儿排好队，轮流录制。

③当一个幼儿录制视频时，请其他幼儿保持安静。

4. 主班教师巡回观察并指导，及时为幼儿提供帮助。

活动延伸

完成绘画、手工制作的幼儿之间可以相互分享，离园回家后，将作品送给家人。

活动反思

“但愿人长久，千里共婵娟。”中秋节作为中国传统节日之一，寄托着中国人对家庭团圆、生活幸福的美好愿望，也承载着家国故土的浓浓情怀。此次活动的开展，让孩子们感受月圆、人圆的传统节日氛围，体会传统文化的独特魅力，感受家国情、父母恩、思乡切，体会到“家好国才好，国好家更好”，让家国情怀的种子在孩子们心里扎根、生长。美好的时光带给了我们无限的快乐，也留给了我们无限的遐想。

活动五　艺术领域：我心中的航天英雄（大班）

教师：韩雨辰

活动目标

1. 认识宇航员，了解相关航天知识和航天服的组成及作用。

2. 通过观察宇航员照片与观看视频，发挥想象力，绘制出自己喜欢的航天英雄，表达对航天英雄的敬仰之情。

3. 感受创作的乐趣，为祖国的航天事业发展感到骄傲和自豪。

活动重点

认识宇航员，了解相关航天知识和航天服的组成及作用。

活动难点

通过对宇航员的认识与了解，发挥想象力，绘制出自己心目中的航天英雄。

活动准备

1. 经验准备：对神舟飞船及航天知识有所了解；知道宇航员不仅有男性，也有女性。

2. 物质准备：PPT 课件《宇航员在太空》、视频《宇航服》、视频《神舟飞船升空》，A4 纸，彩笔。

活动过程

（一）导入环节：图片导入

出示 PPT 课件《宇航员在太空》，组织幼儿讨论，引出活动主题。

师：这是谁？你是怎么认识的？你喜欢的航天英雄是谁？

师：你知道我国首位宇航员是谁吗？宇航员只有男性吗？

小结：宇航员又称“航天员”，是进入太空飞行的人。我国首位宇航员是杨利伟，他在 2003 年曾经搭乘“神舟五号”飞船升空。宇航员不止有男性，也有女性。刘洋阿姨在 2012 年 6 月执行“神舟九号”飞船载人飞行任务，是我国第一位进入太空的女宇航员。

（二）基本环节

1. 播放视频《宇航服》，引导幼儿观察宇航服，了解宇航员上太空前要穿上宇航服。

师：宇航员上太空之前要做些什么呢？我们来看一看吧！

师：宇航员上太空之前，为什么要换上宇航服呢？宇航服由哪几个部分组成？

小结：宇航服是专门为宇航员定做的专属服装，它可以保障宇航员在太空的安全。宇航服有 60 千克重，由服装、头盔、手套和航天靴组成。

2. 播放视频《神舟飞船升空》，引导幼儿了解神舟飞船进入太空的过程。

师：现在，我们跟随着当时的视频，一起来回顾神舟飞船是怎样到达太空的。

小结：宇航员乘坐的载人飞船通过火箭发射到太空中，而火箭由多节组成，当燃料用尽之后，会一节一节地脱落。最后，载人飞船便载着宇航员，脱离地球引力，飞向太空了。

3. 出示 PPT 课件《宇航员在太空》，引导幼儿了解宇航员在太空的工作环境。

师：现在，我们已经跟随着视频进入了太空，一起来看看宇航员的太空生活吧！

（1）出示宇航员在太空行走、工作的图片。

（2）讨论宇航员的工作环境。

小结：我们通过观看视频，了解了宇航员的太空之旅。小朋友们，你们知道吗，为了去太空，宇航员们不仅要通过严格的训练，还要忍受寂寞，冒着生命危险，在太空中收集资料、做实验。多亏了他们的艰辛付出，我们国家才能拥有领先的航天技术，航天事业才能迅速发展。他们多么伟大啊！

（三）结束环节：绘画《我心目中的航天英雄》

幼儿分组创作《我心目中的航天英雄》。教师巡回指导，并请幼儿分享自己的作品。

师：我们知道，伟大的航天英雄不仅有叔叔，还有阿姨。在我们了解宇航员的服饰及他们在太空的生活环境后，请小朋友们画一画你们心目中的航天英雄。

活动延伸

美工区：幼儿根据自己创作的航天英雄形象，利用黏土等辅材，尝试捏出自己心目中的航天英雄形象。

活动反思

本次活动中，教师带领幼儿深入地了解了航天知识、火箭发射过程、宇航服的组成与作用及宇航员的太空生活、工作环境等，孩子们感受到了宇航员的伟大与艰辛，并为我国先进的航天技术感到骄傲与自豪。他们在观看了宇航员的工作环境、了解了宇航服的组成后，都迫不及待地想要画出自己心目中的航天英雄。大部分幼儿在画出穿着宇航服的宇航员后，能够继续画出月球和火箭，并对其进行装饰。少部分幼儿在教师引导后能够画出宇航员。孩子们对本次活动有着极大的兴趣，都画出了自己满意的作品。

第七章 重阳节

金秋十月，丹桂飘香，我们又迎来了一年一度的传统佳节——重阳节。重阳节是每年的农历九月初九。“九”在《易经》中为阳数，“九月初九”，两个阳数相重，故曰“重阳节”。在民俗观念中，“九”是最大的单数，与汉字“久”字谐音，表达了人们希望长久、长寿的美好愿望。因此，重阳节也被称为“老年节”“敬老节”。

第一节 园级活动

一、活动背景

重阳节在古代民间有登高祈福、秋游赏菊、佩插茱萸、拜神祭祖及饮宴求寿等习俗，传承至今，又增加了敬老、爱老等内涵。因此，结合重阳节开展关于“尊老、敬老”的主题活动是非常适合的。重阳节带给我们的不仅是登高远望、赏菊、吃重阳糕等活动，它还传递了一个信息，那就是老年人更需要关爱，更需要健康、快乐。创建一个爱老、敬老、养老、助老的文化氛围，需要全社会的参与。儿童是祖国的未来，为了从小培养他们尊老、爱老的优良传统，我们在重阳节设计并组织孩子们与自己的爷爷、奶奶们一起联欢，用自己的方式表达对爷爷、奶奶们的关心和爱护。

二、活动目标

（一）知道重阳节是我国的传统节日之一，是老人的节日，初步了解重阳节的习俗，激发幼儿尊敬老人的情感。

（二）乐意参与重阳节的相关活动，大胆运用自己喜欢的方式向老人们表达自己的关爱与尊敬之情。

（三）在拜访敬老院的老人们并与之对话、帮助他们做事的过程中，感受老人们也需要关心和帮助，进一步激发幼儿关爱老人的情感。

三、活动准备

（一）环境创设

地 点	内 容	时间	负 责 人
操场	1. 围绕“敬老、爱老、助老”的主题制作展板 2. 制作参观幼儿园展板的路线图、指示图	一周	保教主任
班级教室	1. 创设重阳节节日主题墙饰，内容为重阳节的来历与习俗 2. 创设重阳节习俗的调研结果 3. 班级自然角摆放菊花 4. 创设制作重阳糕的步骤图		各班班长

（二）物料准备

泡沫手工板、浅棕色牛皮纸、画架、爷爷和奶奶的照片、幼儿绘画作品《我为爷爷、奶奶做件事》或照片、深棕色卡纸、幼儿参加重阳节活动的照片、幼儿为老人们制作的礼物和贺卡展示、幼儿向老人表达感恩之情的图片、敬老院的图片、菊花蜜制作方法的图片。

（三）安全措施

制作安全类提示展板、安全提示标识等，设置活动安全员。

四、活动内容

（一）幼儿园旁边的敬老院

幼儿园附近开设了敬老院，教师决定抓住这一教育契机，利用多种方式初步让幼儿了解敬老院的服务对象及功能。教师收集并播放有关敬老院的纪录片，引导幼儿观看那些温暖而动人的画面，激发幼儿尊老、爱老、敬老、助老的良好品质。如，一位坐着轮椅的老人想帮一个孩子解开外套。她经过一番努力，最终也没能完成这个动作，只好放弃了，并温柔地感叹道：“我现在连这个都做不来了。”在活动中，幼儿懂得每个人都会有衰老的一天，意识到老人需要别人的帮助，萌发对老人的关爱之情。本次活动通过一些游戏让幼儿体验爷爷、奶奶们的辛苦与付出，让他们懂得“尊重长辈、关心长辈是每个人应该遵守的道德规范”，鼓励幼儿用自己的方式表达对长辈的尊敬与关爱，弘扬尊老、爱老的传统美德，让幼儿感受、体验、传承中国的传统文化。

（二）赏菊花

“菊花开已尽，满园菊花香。”重阳节正是菊花盛开之时，也是最佳的赏菊时期。教师带领孩子们在幼儿园的花圃里，开启了一场关于菊花的探索之旅。

那些含苞待放的菊花和空气中淡淡的菊花香都吸引着孩子们时不时地驻足，他们观察着、交流着，想要把不同种类的菊花摘下来，晾晒，制成干花，保留菊花的美，或者用它们制作菊花茶。“这朵黄色的菊花，花瓣长长的，像面条。”“这棵菊花颜色好多呀，像过年放的烟花。”“有的菊花，样子像个大圆球。”“我还闻到了一股香香的味道呢！”在孩子们的讨论中，我们开始探究菊花的“秘密”，先观察并研究菊花的特点，发现菊花的花瓣是什么样子的，再用画线团的方式初步表现球状菊花的特点，用自己喜欢的方式记录菊花的美丽，孩子们在创作中感受着不同美术创作方式带来的乐趣。

（三）我为爷爷、奶奶做件事

平时，年轻的父母们整日忙于工作，把照顾和教育孩子的重要大事全权托付给孩子的爷爷、奶奶或者姥爷、姥姥，这些老人们无怨无悔地奉献着自己的时间和精力。因此，我们特意选择在重阳节这个具有教育意义的时刻开展本次社会领域的活动，让孩子们体验与老人之间浓浓的亲情，并用自己的行动来表达对爷爷、奶奶的感恩之情。活动中，教师引导幼儿观看老人们年轻时的照片，发现以前的爷爷、奶奶都很年轻、很高、很强壮，而现在的爷爷、奶奶头发都白了，脸上也有了皱纹，走起路来慢吞吞的，背也驼了，眼睛也花了……他们变老了，感受爷爷、奶奶的辛劳，萌发关爱爷爷、奶奶的情感。教师启发幼儿思考：我们可以用什么方式来表达对老人的关心和爱护呢？孩子们通过讨论发现可以用自己的行动来表达对长辈的爱，可以帮助爷爷、奶奶做一些力所能及的事情，如择菜、洗碗、擦桌子、倒垃圾等。

（四）阅读绘本故事《小姑娘时候的老婆婆》

绘本故事中的老婆婆因为得了阿尔兹海默症忘记了之前所有的事，只记得她的妈妈，思维也完全变成了小孩子。通过阅读绘本故事，孩子们了解了阿尔兹海默症是什么，理解了故事内容，感受到了亲情的温暖，学会了如何去关心、照顾老人，对他们更有耐心，给他们捶捶背、洗洗脚，花点儿时间陪陪他们。同时，能够换位思考，去爱自己身边的每一位老人，帮助他们体验生活的幸福与美好。

（五）制作菊花蜜

重阳节是中国的传统节日之一。本次活动引导幼儿通过另一种方式表达对长辈的关爱——亲手制作一份菊花蜜并分享给家里的老人，感受家的温暖，构建和谐的家庭氛围，向可亲、可敬的爷爷、奶奶、姥爷、姥姥们表达自己的爱意和祝福。本次活动中，幼儿关心长辈、为长辈做一些力所能及的事，提高了幼儿的动手能力，传承了中华民族的传统美德。

（六）设计邀请卡

每个孩子的生命中都会遇到这样一群人，他们头发渐白、行动渐缓，却继续细心地照料孩子们的生活，总爱讲很久以前的故事，在家人团聚时默默地准备饭菜，他们就是我们的爷爷、奶奶、姥爷、姥姥。他们需要的只是一次单纯的陪伴、一个大大的拥抱、一声深情的问候。为了回报他们的恩情，教师设计了本次活动。邀请老人们来幼儿园参观，并参加幼儿园的活动。为此，需要设计邀请卡，孩子们通过讨论知道了邀请卡应该包括的内容，如时间、地点、人物、事由，了解了邀请卡的用途。在设计邀请卡的环节中，教师鼓励幼儿大胆创新，按照自己的意愿进行设计，尝试围绕活动主题设计属于自己的邀请卡。在此过程中，学会向同伴学习、与同伴合作，努力完善自己的作品。

（七）重阳节敬老活动

我们幼儿园旁边有一所敬老院。教师和孩子们一起带着秋天的祝福来到敬老院，去看望那里的爷爷、奶奶们，并献上小小的礼物和真诚的祝福。在活动中，孩子们了解了老人们在敬老院是怎样生活的。在敬老院里，幼儿和那里的叔叔、阿姨们一起行动，帮助爷爷、奶奶们擦桌子，打扫室内、室外卫生，听爷爷、奶奶们讲过去的故事。同时，孩子们也用自己的方式祝爷爷、奶奶们节日快乐。他们不仅帮助爷爷、奶奶们做事，还送给他们自己画的画，为他们表演节目，给他们带来了欢乐。通过这次活动，孩子们了解了要爱护和尊敬老人，了解了长辈对自己的爱，激发了关爱老人的情感，进而迁移到家庭中，关爱家里的每一位老人。

五、活动安排

时　　间	内　　容	家园共育	负责人
重阳节之前的一周 第一周	1. 联系敬老院，并根据园所参与活动人员数量安排车辆 2. 宣读重阳节园所活动安排 3. 围绕“大手牵小手”开展主题活动 4. 园级故事会	1. 提供长辈生活中的照片 2. 查阅有关重阳节的习俗	后勤园长 保教主任 各班班长
重阳节所在的一周 第二周	1. 围绕“爷爷、奶奶来园”开展活动 2. 邀请退休的老教师或幼儿长辈入园，参观幼儿园 3. 为长辈设计并制作礼物	家长志愿者为爷爷、奶奶们来幼儿园服务	各班教师
重阳节过后的一周 第三周	1. 参观敬老院 2. 准备并表演节目 3. 制作菊花蜜	为幼儿准备菊花	保教主任 各班教师

第二节　班级活动

活动一　社会领域：幼儿园旁边的敬老院（小班）

教师：任　亮

活动目标

1. 初步了解敬老院的功能、作用及服务对象。
2. 体验并接纳人会衰老的自然规律，懂得衰老并不是一件可怕的事情。
3. 萌发对老人们的爱，尝试用自己的方式表达对老人们的关心和尊敬。

活动重点

尝试用自己的方式表达对老人们的关心和尊敬。

活动难点

通过对老年人生活状态的体验，了解并接纳人会衰老的自然规律。

活动准备

1. 经验准备：对老年人的生活有所了解。
2. 物质准备：PPT 课件《看看敬老院》（包括敬老院的环境、服务对象、老人们每日生活图片），视频《人体生长、衰老的自然规律》《百岁老人》，小沙袋、腰膝束缚带、特制半透明护目镜、手臂束缚带、纸、水彩笔、剪刀、纸黏土等。

活动过程

（一）看看敬老院

教师播放 PPT 课件《看看敬老院》，展示敬老院的生活环境照片、服务对象及老人们的每日生活图片。

师：刚才，你们看到的是什么建筑？你们猜猜，谁在敬老院里生活呢？

师：他们在敬老院都做些什么呢？

（二）体验人老了之后的真实感受

1. 播放视频《人体生长、衰老的自然规律》（图 7-1），引导幼儿观看并了解人会衰老属于自然规律，懂得接受这一事实。

2. 通过“当我们老了”的活动（图 7-2），体验爷爷、奶奶生活中的真实感受。

（1）将小沙袋绑在幼儿的小腿上，体验老人走路时腿脚不便、迈不开腿的感受。

（2）在幼儿腰部和膝部束缚带子，体验老人直不起腰的感受。

（3）让幼儿戴上特制的半透明护目镜，体验老人眼花、看不清路的感受。

（4）在幼儿的手臂上束缚带子，体验老人手没劲儿、握不住筷子的感受。

图 7-1

图 7-2

（三）观看纪录片《百岁老人》

教师播放纪录片《百岁老人》的视频，引导幼儿观看，了解人老了，在生活上需要别人的照顾和关爱。

小结：敬老、爱老是中华民族的传统美德，我们国家非常重视和关心老人，各地都为老年人修建了敬老院。在敬老院里，老人们的生活多姿多彩，享受着幸福的晚年生活。

（四）为身边的老人送上爱

师：在日常生活中，我们能为身边的老人做些什么呢？我们怎样向敬老院的爷爷、奶奶们送上我们的爱？

活动延伸

根据活动中幼儿提出的看望敬老院爷爷、奶奶的方式，由幼儿制订拜访敬老院的计划，写出节目单，联络敬老院，看望爷爷、奶奶们，送上孩子们的祝福。

活动反思

我园历来重视幼儿的德育发展。教师通过幼儿园旁边开设的敬老院这一教育契机，让幼儿初步了解了敬老院的功能和人类生长、衰老的规律，感受爷爷、奶奶们的辛苦，学会感恩和尊敬长辈，从而萌发尊老、爱老、敬老、助老的美好情感，并通过后续延伸的看望活动，提高幼儿的沟通能力、动手能力，以多种形式增进幼儿与老人之间的情感交流。

活动二　艺术领域：菊花（小班）

教师：刘佳敏

活动目标

1. 尝试用棉签画菊花。
2. 能用画线团的方式初步表现球状菊花的外形特点。
3. 感受用棉签作画的乐趣。

活动重点

能用画线团的方式初步表现球状菊花的外形特点。

活动难点

能用棉签蘸色作画。

活动准备

1. 经验准备：有用三指握笔的经验。
2. 物质准备：红、黄、绿、蓝颜料，棉签，颜料盒、纸杯若干，黑色卡纸每人一张，花形为球状的菊花一盆，几种不同颜色和花形的菊花图片等。

活动过程

（一）猜谜语

教师说谜语，引导幼儿猜谜语，引出“菊花”主题。

师：今天，老师给小朋友们带来了一个谜语，请大家猜一猜。瓣儿弯弯像卷发，寒风冷雨它不怕，百花凋谢它开花，中秋时节到万家。请小朋友们说一说，这是什么植物？

幼：菊花。

（二）观察菊花

出示几种不同颜色和花形的菊花图片（图 7-3），引导幼儿细致观察。

师：这些菊花是什么颜色的？花瓣是什么样子的？像什么？

图 7-3

（三）画菊花

1. 教师演示用棉签画菊花的方法。

教师捏住棉签棒，将棉头在颜料盒里蘸色，然后在事先画好花枝的纸上画出毛线团形的菊花。

2. 幼儿用棉签画菊花，教师巡回指导。

（1）教师可以根据幼儿表现提醒幼儿蘸取适量的颜料，大胆地选择自己喜欢的颜色，让所有的花枝都开满菊花。

（2）在绘画过程中，提醒幼儿用一根棉签蘸取一种颜色进行绘画，避免发生混色的现象。

（3）活动结束后，指导幼儿收拾自己用过的棉签，清洁各种绘画工具。

（四）作品欣赏

1. 将幼儿的菊花作品集中在一起进行展示。

2. 请幼儿之间互相欣赏作品，说一说画中都用了哪些颜色、画的菊花是什么样儿的等。对于有创造性的作品，教师要特别指出来，表扬并肯定其表现形式的新颖。

活动延伸

1. 在美工区投放画有糖葫芦棍的画纸，引导幼儿用棉签画出一个挨着一个的圆圈，当做糖葫芦，并涂上颜色，继续用棉签蘸色画出各种自己感兴趣的事物，如小蝌蚪、小鱼、各种水果等。

2. 在自然角种植菊花，在旁边的墙面或柜子上张贴秋季植物的图片，引导幼儿观察和欣赏，了解秋天的植物。

活动反思

本次活动是用棉签画菊花的形式来表现菊花的美丽，让幼儿在创作中感受使用不同美术工具进行绘画带来的乐趣。在活动中，幼儿兴趣较高，大部分幼儿能独立完成作品。幼儿喜欢自主选择自己喜欢的颜色，画出喜欢的菊花造型。

活动三　社会领域：我为爷爷、奶奶做件事（小班）

教师：韩　思

活动目标

1. 感受爷爷、奶奶的辛劳，萌生关爱爷爷、奶奶的情感。
2. 初步了解重阳节敬老、爱老的含义。
3. 能通过自己的行动表达对长辈的爱。

活动重点

知道爷爷、奶奶的辛苦与付出。

活动难点

能用自己的行动表达对长辈的爱。

活动准备

1. 经验准备：知道重阳节的意义。

2. 物质准备：《重阳节》绘本故事视频、《重阳节》绘本故事分页图片、PPT 课件《我的爷爷、奶奶》。

活动过程

（一）谈话导入

教师与幼儿互动谈话导入，引起幼儿参与活动的兴趣。

师：小朋友们，你们知道马上要到什么节日了吗？让我们一起去看看吧！

（二）观看视频

教师播放《重阳节》绘本故事视频，引导幼儿初步了解重阳节。

师：刚才的故事讲了什么？

幼：刚才的故事讲了重阳节是哪一天以及重阳节的来历，还有赏菊、吃重阳糕等习俗。

（三）第一遍观看绘本

教师出示《重阳节》绘本故事分页图片，引导幼儿观看。

师：故事里面都有谁呢？重阳节是哪一天？

幼：故事里有好多的爷爷、奶奶，还有小野。农历九月初九是重阳节。

师：重阳节有什么习俗呢？

幼：重阳节这一天，可以赏菊、品尝菊花酒、吃重阳糕，还可以登高远望、佩戴茱萸花等。

（四）第二遍观看绘本

师：重阳节也叫什么节？

幼：重阳节也叫“老人节”。

师：故事里的小野是怎么帮爷爷、奶奶过节的呢？

幼：小野给爷爷、奶奶送去了礼物，还说了很多祝福的话。

（五）观察图片并讨论

教师播放 PPT 课件《我的爷爷、奶奶》，出示爷爷、奶奶在洗衣服、接送孩子、做饭等图片，鼓励幼儿观察并讨论爷爷、奶奶或姥爷、姥姥的变化，感受他们的辛劳。

师：爷爷、奶奶两个人的照片一样吗？

幼：以前的爷爷、奶奶或姥爷、姥姥很年轻、很高、很强壮；现在的爷爷、奶奶或姥爷、姥姥头发白了、脸上有皱纹了、驼背了……他们变老了。

师：为什么不一样呢？

幼：因为爷爷、奶奶年纪大了，身体也不如以前了，每天还要照顾我们，帮我们干很多事情。

（六）我为爷爷、奶奶做件事

师：通过刚才的故事，我们知道了重阳节。很快就要到重阳节了，你们想为爷爷、奶奶做些什么事情呢？谁来说一说（图 7-4）？

图 7-4

幼儿表达自己的想法，教师及时肯定并鼓励幼儿。

幼：我们可以帮爷爷、奶奶倒水，给他们洗洗脚，可以帮他们择菜、剥蒜，还可以抱抱他们。

活动延伸

教师引导幼儿回家后，帮助爷爷、奶奶做一件力所能及的事情，如拿拖鞋、捶背、擦桌子等。

活动反思

在本次活动中，孩子们在教师的引导下了解了重阳节的来历和相关习俗，知道重阳节也叫“老人节”，在分享中感受到爷爷、奶奶的辛劳，进一步思考并说出平时可以帮助爷爷、奶奶做的事情。很多幼儿都表示愿意做一些力所能及的事情，以此感谢爷爷、奶奶对自己的照顾。

活动四　语言领域：《小姑娘时候的老婆婆》（中班）

教师：孟思源

活动目标

1. 欣赏故事内容，了解故事情节。

2. 能认真地听故事，理解故事大意，大胆地说出故事内容。
3. 感受亲情的温暖，学会关心、爱护老人。

活动重点

理解绘本故事大意，能在同伴面前大胆地说出故事内容。

活动难点

知道怎样关心、照顾老人。

活动准备

1. 经验准备：幼儿有过帮助他人、关心他人的表现。
2. 物质准备：PPT 课件《小姑娘时候的老婆婆》。

活动过程

（一）出示绘本封面

教师播放 PPT 课件《小姑娘时候的老婆婆》，出示绘本封面，引起幼儿关注。

师：画面上都有谁？

师：你觉得她在干什么？

（二）第一次讲述故事

第一次讲述绘本故事，引导幼儿了解故事内容。

师：老婆婆在哪里？

师：她做了什么？

小结：老婆婆在敬老院里，每天喊着“妈妈”。

（三）第二次讲述故事

第二次讲述绘本故事，引导幼儿熟悉故事内容。

师：老婆婆在什么时候叫“妈妈”？为什么她每天都在叫“妈妈”？

师：老婆婆最喜欢什么？

师：老婆婆忘记了谁？

师：老婆婆都记住了什么？

小结：老婆婆从小生活在一个幸福的家庭里，爸爸是铁路工人，妈妈是纺织女工。爸爸在铁路上工作时，会捡来五彩斑斓的小石子和小纽扣。心灵手巧的妈妈会把它们穿成串儿，给小时候的老婆婆当做项链，她很喜欢这串项链。

最后，小姑娘变成了老婆婆，她的爸爸、妈妈也都不在了，只有那串五彩项链陪着她。她得了阿尔茨海默病，慢慢地，老婆婆认不出自己的女儿了，更认不出女儿的女儿了，但她还记得那串项链，还记得自己的妈妈。

（四）第三次欣赏故事

第三次完整地欣赏绘本故事，理解故事想要表达的意义。

师：这本绘本为什么叫“小姑娘时候的老婆婆”？

师：我们应该怎样关心、爱护老人？

小结：老婆婆因为得了阿尔茨海默病，忘记了之前所有的事情，只记得她的妈妈，感受着亲情的温暖。我们应该多关心、爱护身边的老人，对他们要有耐心和爱心，可以给他们捶捶背、洗洗脚，花些时间陪陪他们。

（五）幼儿根据画面讲述故事

教师引导幼儿结合绘本画面讲述故事。

小结：老婆婆因为患有阿尔茨海默病，思维完全变成了小孩子，只记得她的妈妈和她小时候生活的点点滴滴，我们要学会理解和关爱老人。

活动延伸

1. 教师引导幼儿迁移经验，学会照顾自己的爷爷、奶奶、姥爷、姥姥。
2. 教师带领幼儿参观社区养老院并看望老人。

活动反思

本次活动中，教师通过阅读绘本故事，引起了幼儿的兴趣，又用提问的方式让幼儿了解了绘本故事内容，感受到了亲情的温暖，学会了可以通过给老人们洗脚、捶背、讲故事、陪伴等关心、照顾身边的老人。

活动五　科学领域：制作菊花蜜（中班）

教师：张晨丽

活动目标

1. 了解重阳节的风俗习惯，激发幼儿热爱家乡、热爱家庭的情感，体会家庭欢乐、生活幸福的甜美。

2. 通过直接感知、亲身体验等方式收获与菊花有关的经验，并尝试制作菊花蜜。

3. 愿意将自己制作的菊花蜜送给爷爷、奶奶品尝，萌发尊老、敬老、爱老的情感。

活动重点

营造尊老、敬老、爱老、助老的良好氛围。

活动难点

利用菊花、白糖、蜂蜜等材料，尝试制作菊花蜜。

活动准备

1. 经验准备：初步了解菊花的构造，了解菊花可以制成各种菊花美食。

2. 物质准备：一束鲜菊花（几种不同形状、颜色的菊花）、绘本《菊花蜜》、干菊花、菊花瓣、瓶子、木棒、白糖、蜂蜜等。

活动过程

（一）欣赏菊花

教师出示一束漂亮的鲜菊花，引导幼儿自由观察并与同伴相互交流。

师：这些菊花的不同之处在哪里？

师：如果我们用它做菊花蜜，会用到这些花的哪个部分呢？

小结：原来这些菊花长得都不一样。它们的茎有的长、有的短。它们的花瓣不仅颜色不同，而且形状也不同，有的是尖尖的，有的向里弯，有的向外弯。

（二）介绍菊花的用途

师：菊花除了好看之外，还可以用来干什么？

师：你们有没有喝过菊花茶或者见过谁喝菊花茶？可能我们没有喝过，但是，咱们可以猜一猜它是什么味道的。菊花除了泡水喝，还可以做什么呢？

小结：菊花除了可以观赏之外，经过加工处理，还可以做成一味中药或者饮品。我们除了喝菊花茶，还能怎么品尝菊花的美味呢？下面，我们就尝试按照绘本《菊花蜜》里的制作方法制作一瓶菊花蜜，送给爷爷、奶奶吧！

（三）制作饮品：菊花蜜

1. 观察并比较干、湿菊花的不同，了解制作菊花蜜最好选用鲜菊花。

师：老师还带来了一些菊花，你们看看，它们和刚才的菊花有什么不同？

幼：有大的、有小的，有深色的、有浅色的，这些菊花都是干的。

师：把这些干菊花泡进水里，会有什么变化吗？

幼：水变成了黄色，菊花开花了。

师：老师带来的是干的菊花。干菊花能制作菊花蜜吗？制作菊花蜜应该用什么样儿的菊花瓣呢？

幼：鲜菊花的花瓣。

2. 回顾绘本故事《菊花蜜》的内容，幼儿尝试根据故事中描述的方法，自己动手制作菊花蜜。

制作方法如下：

（1）选择合适的材料，如瓶子、花瓣、木棒、白糖、蜂蜜等（图 7-5），尝试制作菊花蜜。

图 7-5

（2）选择一朵自己喜欢的菊花，将花瓣一片片摘下来，放进盆里，洗干净。

（3）把花瓣捞出，控干水分后，放在准备好的瓶子里，用木棒之类的物品将菊花瓣碾碎，捣成泥状。

（4）将准备好的蜂蜜倒入瓶中，没过菊花泥，进行浸泡。

（5）再放入白糖，搅拌均匀，盖上盖子。在瓶子上做好标记，如写上“菊花蜜”字样、制作日期、送给某某、祝福的话等。这样，一瓶菊花蜜就做好了。

3. 将做好的菊花蜜密封、打包，准备离园时带回家，送给爷爷、奶奶品尝。

（1）师：说一说，你是如何密封、打包的？你是如何设计包装的？

（2）师：将剩下的菊花蜜密封、打包好。说一说，你想和谁一起分享？为什么？

（四）分享与交流

1. 引导幼儿跟同伴分享自己制作菊花蜜的过程，出现了哪些问题，自己是如何解决的。

师：小朋友们，请你们说一说，在制作过程中，你们发现了什么问题？

2. 引导幼儿品尝菊花蜜，分享感受与味道。

（1）幼儿两人一组，将自己制作的菊花蜜舀一勺，放进同伴的杯子里，然后冲制。

（2）分享自己喝到同伴制作菊花蜜的感受。

师：在品尝中，说说你的感受是什么，菊花蜜味道如何。

活动延伸

在活动结束后，教师和幼儿一起将菊花蜜的制作方法画成图示，布置在角色区小餐馆的墙面上，让它成为小餐馆的特色饮品。幼儿既可以自己亲自制作，还能冲泡、品尝做好的菊花蜜，每个人制作的菊花蜜味道也会有所不同。教师可以引导幼儿回到家里，和爸爸、妈妈一同制作菊花蜜，然后带到幼儿园来，与大家分享。最终，大家可以评出自己喜欢的口味或者制作出新的口味，让菊花蜜成为班级小餐馆的一大特色，在提高幼儿动手能力的同时，增进幼儿之间的沟通与交流。

活动反思

本次活动制作菊花蜜并分享给家中的老人，对于幼儿来说是一种新的体验，更是亲情的传递，是祖孙情感沟通的桥梁，能让幼儿感受到家的温暖，构建和谐的家庭氛围。幼儿通过本次活动为长辈做了一件力所能及的事，培养了幼儿关心、爱护长辈的情感。

活动六　艺术领域：为爷爷、奶奶制作邀请卡（大班）

教师：刘小翠

活动目标

1. 知道什么是邀请卡，以及邀请卡应该包括哪些内容。

2. 能根据自己的意愿大胆地设计并制作邀请卡。
3. 喜欢参加设计邀请卡的活动，获得快乐的体验。

活动重点

知道邀请卡具体包括哪些内容。

活动难点

能完整地设计并制作一张邀请卡。

活动准备

1. 经验准备：幼儿见过邀请卡，初步了解邀请卡的内容。
2. 物质准备：A4 彩纸、水彩笔、幼儿收集的邀请卡。

活动过程

（一）谈话导入

教师提问，与幼儿讨论，引起幼儿参与活动的兴趣。

师：马上就要到重阳节了，你们想邀请谁来班里参加重阳节的活动呢？

（二）分组讨论并设计邀请卡

1. 教师出示幼儿收集的邀请卡，请幼儿观察邀请卡上面有什么。

师：小朋友们，你们从这张邀请卡上看到了什么？你们喜欢哪个图案？

师：邀请卡上要有时间、地点、事由、邀请人。

2. 幼儿分组讨论如何制作邀请卡。

师：现在，请小朋友们自由分组讨论，说说你想制作什么样儿的邀请卡。

师：你想用什么材料制作？

师：你制作邀请卡的时候，还需要用到哪些其他的材料？

（三）选择材料，制作邀请卡

1. 幼儿根据自己的想法，自主选择制作邀请卡的材料。
2. 幼儿根据纸的大小画图，提醒幼儿注意纸面要保持干净、整洁。
3. 幼儿运用折、剪、贴、画的方法，尝试制作邀请卡（图 7-6、图 7-7）。

（四）作品展示与分享

幼儿制作完邀请卡，进行作品展示与分享。

图 7-6

图 7-7

师：谁想来介绍一下自己的邀请卡呢？说说你的邀请卡里有什么。

小结：邀请卡上面需要写明时间、地点、事由、邀请人。制作邀请卡的时候，要根据材料的大小设计邀请卡。

活动延伸

幼儿将邀请卡送给家里的老人，邀请他们来幼儿园参加重阳节的活动。

活动反思

本次活动根据重阳节邀请老人来园参观和幼儿想要设计邀请卡的兴趣生成的。在活动中，教师通过观察幼儿的表情发现，幼儿对设计邀请卡非常感兴趣。在设计邀请卡的讨论中，幼儿能够用语言清楚地表达自己想要填写的邀请卡内容，知道邀请卡的用途。在制作邀请卡的环节中，教师鼓励幼儿大胆创新，按照自己的意愿选择材料并制作。活动中，教师紧扣教学目标，按照幼儿的兴趣有层次地开展教学活动。

活动七　社会领域：重阳节敬老活动（大班）

教师：徐雅婷

活动目标

1. 知道重阳节是我国的传统节日之一，初步了解重阳节的风俗习惯。

2. 乐意参与重阳节的相关活动，尝试用自己的方式表达对老人的关心。

3. 了解爷爷、奶奶对自己的爱，萌生关爱老人、感恩老人的情感。

活动重点

乐意参与重阳节的相关活动。

活动难点

能用行动表达对长辈的关心。

活动准备

1. 经验准备：幼儿已经学会要给爷爷、奶奶们表演的歌曲。

2. 物质准备：提前准备好的重阳糕、打扫卫生需要用到的工具、表演节目所需音乐和道具、绘画材料和工具。

活动过程

（一）谈话导入

师：小朋友们，你们知道今天是什么节日吗？

师：对，今天是爷爷、奶奶们的节日——重阳节。你们想为敬老院的爷爷、奶奶们做些什么呢？

小结：今天是爷爷、奶奶们的节日，让我们带着秋天的祝福，一起走进敬老院，去看看那里的爷爷、奶奶们，献上我们小小的礼物和真诚的祝福吧！

（二）来到敬老院

教师带领幼儿来到敬老院。

师：今天，来到敬老院，你们有什么感受？

师：孩子们，你们想给爷爷、奶奶们什么惊喜呢？

师：谢谢你们的好主意，让我们把提前准备好的重阳糕送给爷爷（图 7-8）、奶奶们吧！

（三）帮助爷爷、奶奶做事情

教师引导幼儿认真观察敬老院里的爷爷、奶奶们，看看可以帮他们做哪些事情。

师：孩子们，在敬老院里，爷爷、奶奶们还有哪些需要我们帮忙的事情？

小结：有的小朋友说要帮助爷爷、奶奶们擦桌子，打扫卫生，让他们的居住环境更加干净、整洁，给他们带来快乐。现在，我们就一起行动吧！

图 7-8

（四）为爷爷、奶奶表演节目

师：刚才呀，小朋友们已经帮助爷爷、奶奶们擦了桌子、倒了垃圾，做了一些力所能及的事情。那么，我们怎么才能让爷爷、奶奶们开心呢？

师：好的，接下来，就像小朋友们说的那样，让我们一起为爷爷、奶奶们表演节目吧！

幼儿在前面为爷爷、奶奶们表演提前准备好的节目（图 7-9）。

（五）画出爷爷、奶奶开心的笑脸

教师引导幼儿用绘画的方式记录爷爷、奶奶们开心的笑脸（图 7-10）。

图 7-9

图 7-10

师：看呀，刚才爷爷、奶奶多开心呀！我们怎样才能留住他们开心的笑脸呢？除了拍照，还有其他方式吗？

幼儿动笔画出爷爷、奶奶们开心的笑脸。

师：我们已经用绘画的方式留下了爷爷、奶奶们和我们开心的笑脸，那用什么方式可以表达我们对爷爷、奶奶们的关爱呢?

小结：小朋友们不仅用劳动帮助爷爷、奶奶们打扫卫生，让他们的生活环境更加干净、整洁，用表演的方式给他们带来了欢乐，还送给爷爷、奶奶们自己画的画，表达了我们对他们的关心与爱护。你们真是太棒了！今天真是收获满满!

(六) 跟爷爷、奶奶们“再见”，表达关爱

师：欢乐的时光总是短暂的。小朋友们，我们该怎么跟爷爷、奶奶们说“再见”呢?

小结：小朋友们说得对，除了跟爷爷、奶奶们挥手告别之外，还可以用拥抱的方式表达我们对爷爷、奶奶们的关心与爱护。

活动延伸

在美工区制作送给爷爷、奶奶们的礼物。做好后，带回家，送给家里的老人。

活动反思

孩子们通过去敬老院看望老人的活动，了解了老人在敬老院里是怎样生活的，听了爷爷、奶奶们讲过去的故事，了解了老人们不同寻常的经历。同时，孩子们也在用自己的方式为爷爷、奶奶们做事情，为他们表演节目并祝他们节日快乐，向他们表达了美好的祝福。